なぜ出世する人は家庭も円満なのか？

オールリーダーコンサルティング
片山牧彦

自由国民社

はじめに――人生・ビジネスの成功の鍵は家庭にあった！

はじめまして。オールリーダーコンサルティングというコンサルティング会社の代表をしている片山牧彦と申します。本書を手に取っていただきありがとうございます。

私は15年以上にわたり企業の人事部や人材・組織開発コンサルタントとして、また事業責任者等として、人や組織の変革や活性化に携わってきました。現在はコンサルティング会社を経営し、トップマネジメント育成や全員主役の組織をつくる組織コンサルティング・企業研修などを行っています。

プライベートでは子宝に恵まれ、6人の子どもを育てる父親でもあります。ビジネスでも家庭でも、誰もが充実して自分らしく幸せに生きるにはどうすればよいか、日々悩みながら格闘しています。

そのような中で懸命に組織運営に向き合っていた私は、ある時、1つの考えに至りました。それは、**家庭の運営と組織の運営はかなりの部分が共通している**ということです。

その考えは組織マネジメントのサポートをしていたある課長のひと言から広がっていきました。

「片山さんから教えてもらった家庭円満の手法を家で試してみたら、今までの関係性が嘘だったように**パートナーと楽しく話すことができた**」という言葉です。


家庭円満の手法とは、私がコンサルタントとして指導している**マネジメント手法の原理原則を家庭版に応用したやり方**です。

私自身も実践し、パートナーや子どもと深い信頼関係を築けていたので、一定の手応えは感じていたのですが、仕事の合間の雑談で伝えていた家庭円満の手法がこんなにも響くのかと、うれしさと驚きがあったことを今でも鮮明に覚えています。

その後、他の方からもこの家庭円満の手法に関する雑談に対して、感謝の言葉をもらうことが多々ありました。

こんなにも家庭のことで困っている方がいるという気づきと共に、改めて家庭でのパートナーとの関係性の築き方は、**会社での上司や部下との関係性の築き方と基本的に同じ**だと気がつきました。

家庭が円満になった人は、表情が明るくなり、組織内でもより活躍するという現象が多数起き、**パートナーとコミュニケーションが円滑な人は仕事のパフォーマンスも高い**ということも見えてきました。

プライベートと仕事は繋がっていると感じ、プライベート、つまり家庭の支援を行うことも非常に重要なことなのではないかという問題意識を持つようになっていったのです。

そして家庭マネジメントと組織マネジメントに共通点があり、なおかつパートナーや家族との関係性に困っている方が多いのならばこのやり方を体系化して世の中に伝えれば、なにかしら社会によい影響が与えられるのではと思うに至ったのです。

このような考えから、ビジネスの組織やチームを活性化させるために必要な理論や原則を、大家族を切り盛りしてきた経験も活かして家庭内で活用できるように体系化したのが本書となります。

これは『**3つの土台**』と『**3つの役割**』としてまとめた新しいコミュニケーションフレームです。

3つの土台――情緒安定・傾聴・伝達
3つの役割――奉仕者・経営者・冒険者

世の中の様々なことがアップデートされている中で、あまり人の目に映らない、しかし根源的な部分である「親としての立ち振る舞い」や、「夫婦の家庭での立ち振る舞いやあり方」に関するノウハウは、そこまで開示されていないのが現状だと思います。

そんな世の中に、1つの家庭内コミュニケーションのノウハウとして本書を提供できればと思っています。

懸命に家庭での役割も果たしている方を私たちは「**ファミリーリーダー**」と呼んでいます。私たちのミッションの1つは、世の中にファミリーリーダーを増やし、ご自身も家庭も円満にすることを通してビジネスでも成功する人を増やすことです。そして、幸せに満ちた社会をつくっていきたいと思っています。

本書を通して、ご自身のあり方やご家庭でのコミュニケーションのアップデートをぜひ行ってみてください。

ひとりでも多くのファミリーリーダーが育ち、ひとりひとりの人生がより充実することを、そして組織が健全に成長し、社会が発展していくことを願うと共に一緒に成し遂げられればと思っています。

ここで、本書を読んでいただきたいのはどんな方なのか、お伝えしておきましょう。

●家庭内のコミュニケーションに悩みがある方
●最近パートナーと話せていない方
●家庭内でどのように振る舞えばよいかよくわからない方
●「熟年離婚」という言葉が気になって仕方ない方
●家庭内でのコミュニケーション力を上げたい方
●家庭でイライラして、パートナーや子どもにきつくあたってしまうことがある方
●パートナーが自分勝手で困っている方（パートナーにもぜひ読ませてあげてください）

こうした方々にとって本書の内容は多かれ少なかれ、必ず学びや気づきがあるはずです。

少し本書について説明をしておきましょう。

本書では少し昔ながらのマネジメントスタイルであり、家庭もあまりうまくいっていな

い主人公（）に対し、公私にわたりアドバイスを行うヒューマンコンサルタント（）が2週間にわたりコンサルティングを行うという設定で物語が進んでいきます。

架空の設定ですので少し現実離れしたところもあるかもしれませんが、そこはご愛嬌ということで、自分がコンサルティングを受けていると思いながら本書を読み進めてみてください。

また、各章の最後にはヒューマンコンサルタントから実践課題が出されています。気になる課題があれば、ぜひ実際に実践していただくことをオススメします。

楽しみながら3つの土台と3つの役割をマスターし、より充実した人生を送っていただければと思います。

それでは、コンサルティングのスタートです！

目次 …………………… CONTENTS

企画協力　NPO法人企画のたまご屋さん
森久保美樹
イラスト　村山宇希
ブックデザイン　沢田幸平（happeace）
本文DTP　有限会社中央制作社

Chapter 1

土台を築く・情緒安定①

～波をなくし、情緒を安定させる～

1日目の月曜日、
「マインドフルネス」と「6秒ルール」を学ぶ

会議室に呼び出された男は怒っていた。

カツカツカツと廊下を急ぎ足で歩く音。その足音からも、音の主が穏やかでないことはすぐにわかる。

またその主からはため息と「だるい」という声がたびたび聞こえてくる。

深く刻まれた眉間の皺《しわ》は彼のいつもの表情を端的に表していた。

営業部門の課長である彼の表情はいつも険しく、言葉は荒々しかった。

「俺ならすぐにできるぞ」

「こんなこともできないのか」

「早くしろ」

「結果がすべてだぞ」

彼の部下に対するこうした容赦のない言葉からもわかるように、彼の存在はいつも周囲をピリピリさせるものだった。

ただ、彼は心底それが正しいと思っていた。

厳しい言葉を投げかけることが部下の成長に繋がり、またその行為を続けることで彼の尊敬する会社の先輩たちの想いを残すことにも繋がると本気で考えていたのだ。

そして、彼は頑固だった。自分が正しいと思ったことは決して譲らない性格であった。

ただそんな彼にも志がある。自分や自分が育てた社員が成果を出し、恩を受けた会社を大きくしていくことだ。その信念は人一倍であり、誰よりも努力を惜しまなかった。

彼の座右の名は「強い者が勝つのではない。勝った者が強いのだ」というサッカーで著名なベッケンバウアー氏の言葉である。合理的で結果にこだわりが強い性格の彼は、今月のチーム予算も達成し、これで課長就任時から15か月連続予算達成という会社始まって以来の快挙を成し遂げていたのであった。

そんな彼にとって、まさに時は金と等しく価値のあるもの。1秒も無駄にしたくないと考えている彼が会議室に着く頃には、すでに沸点に達したお湯のように顔は赤く、気持ちは燃えていた。

その厳しい眼差しと荒ぶる気持ちはこの後の面談への怒りに変わっていた。

（また人事部からの呼び出しか。これで3度目だ。
営業成績こそすべてだと信じて疑わずに働き続けてきたことが評価され、昨年から部下も付いてプレイングマネージャーとなってさらに数字を上げてきているというのに。ノルマさえ達成できない使えない部下に厳しく当たることで呼び出されるなんて、なんてことだ。今日は人事部ではなく外部のコンサルタントとの面談だと聞いているが、どうせハラスメントとかの話だろう。なにを言われようが自分のスタンスを変えることはない。これが会社のためなのだ。数字は人格だ。働き方が甘い部下を責めることのなにが悪い!?会社のために働いている俺を呼び出して指導して、数字を上げられない部下を守ろうだなんて、まったくもって納得できない。人事部のやつら、無駄なことばかりしやがって……）

「修身斉家治国平天下」の考えに則り、まずは自分を修め、家庭を整えよう

「こんばんは。はじめまして。あなたが今回の受講者ですね。私はこういうものです」

「はじめまして、よろしくお願いします」（ヒューマンコンサルタント？　なんだ、こいつは？）

「御社の人事部の方から聞いていますよ。あなたはとても優秀な方だそうですね。私はヒューマンコンサルタントという職業のものです。簡単に言うと受講者個人が抱える課題に寄

り添い、解決を促すのが仕事です」

「はあ。そのヒューマンコンサルタントが私になんの用で」

「ここだけの話ですが、今回私が呼ばれたのは、あなたに会社の幹部としてふさわしい人物になってもらうためなんですよ。聞くところによるとあなたは将来の幹部候補として名前が挙がっているとのこと。でも、部下や同僚への言動がきつく、評判が悪い。何度か研修や指導はしているものの、まったく変化がないそうじゃないですか」

（幹部候補というのはまんざらでもないが、評判が悪いだと？　人事部の奴らめ）

「このままだと仕事で優秀な成果を上げている人物なのに、幹部には推薦できない。だから、どうにかして日頃の行動を改善してほしいと依頼を受けています。ここでの変化があなたの将来を決めると思ってください」

（なんなんだ？　こいつはいきなり）

「ご不快なご様子ですね」

「まあ不快でないと言ったら嘘になりますがね。それで？」

「このコンサルティングは今日から来週の金曜まで、平日10日間、毎日行います。時間は18

時から1時間です。その2週間が終わったら、半年後に振り返りを行うというプログラムです」

「2週間、毎日やるんですか？」

「もちろんです。期間中は人としてより成長してもらうために、**『3つの土台』**と**『3つの役割』**というフレームワークを一緒に学んでいきます。これを意識して行動すれば、あなたは幹部にふさわしい人物になれることでしょう」

（新人でもないのに、毎日学ぶだと？）

「もう少し詳しくお伝えすると、**3つの土台とは『情緒安定・傾聴・伝達』**です。そして、**3つの役割とは『奉仕者・経営者・冒険者』**です。この6つについて学んでいきます」

「そうポンポン言われても、よくわからないんですが……」

「それなら、簡単な定義をお伝えしましょう。3つの土台のうち、**『情緒安定』は情緒を安定させポジティブマインドをつくること。『傾聴』は心から聴いて存在を承認すること。『伝達』は伝わる仕組みを理解し、適切に伝えること**」

「あの……」

「それから3つの役割のうち、**『奉仕者』はサーバントリーダーになり、安全空間をつくること。『経営者』は家族理念・愛言葉を定め、目指す方向を決めること。『冒険者』は家族の視野を広げ世界を繋げること**」

「いや、そういうことが聞きたいのではなく……」

「コンサルティングとコンサルティングの間には実践課題もありますから、ぜひ前向きに取り組んでいただくようお願いします」

「言葉の定義以前に、このプログラムを実施すること自体がわからないんです！」

「プログラムの実施自体を？　困りましたね。なにかを学ぶには本人の意思が一番大事なんですが……」

「そうでしょう？」

「それでは改めて、ここまでの話を踏まえて考えてみてください。あなたは会社から将来を嘱望されている。しかし課題もある。その課題を克服するためにこのプログラムがある。プログラムを受けないと幹部になれる可能性が限りなく低くなる」

「……」（たしかに、こいつの言うとおりかもしれないな）

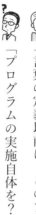

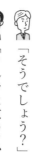

「本プログラムを受講する、ということでよろしいですか？」

(嫌な言い方をするやつだな。しかし今後を考えると受けた方が得だよな？)

「仕方ない、受けますよ！」

「承知しました。受講を望んでいるということですね。それではスタートしたいと思います。時間も限られているのでさっそく始めます。

まずは質問ですが、『**修身斉家治国平天下**《しゅうしんせいかちこくへいてんか》』という言葉をご存じですか？」

「しゅうしんせいかちこくへいてんか？」

「ご存じないようですね。これは中国の古典、『礼記《らいき》』の一篇『大学』の教えです。君子は**まず自分を修め、家庭を整え、国家を治め、天下を平和にしていくべきである**という言葉です」

「はあ」

「まずあなたはまったく自分が修められていないのではないですか？ なぜそんなにイライラしているのですか？ 常にイライラしていませんか？」

「イライラなんかしていない。私は常に仕事で成果を上げようと努力しているだけだ」

「なるほど、その意識は素晴らしいですね。では、角度を変えて質問します。ご家庭ではいかがですか？　ご家族は奥様と、幼稚園に通っているお子さんがひとりいらっしゃると聞いていますが、うまくいっていますか？　ご家庭ではイライラしていないですか？」

「なっ……。そんなことまであなたに話さないといけないんですか？」

「はい、ヒューマンコンサルタントですから。もちろん、話したくなければ話さなくて構いません。ただ、しっかりと守秘義務契約は結んでいますから安心してください」

（なるほど。それでヒューマンコンサルタントなのか。人事部としてはハラスメントの面談などの正攻法でアプローチしても態度が変わらないから、私生活から正していこうということか？　まあ、せっかくなので少し付き合ってみるか）

「正直、家族とはうまくいってないですね。というか、よくわかりません。そもそもあまり会話がないので。ただイライラはしているかもしれません」

「それはいけませんね。ヒューマンコンサルティングの土台の1つには、先ほどお伝えした『修身斉家治国平天下』という概念があります。自分を修め、家庭を円満にしてこそ、仕事も上手くいく、という側面があるのです」

（なんか大袈裟だなあ）

「家でもカリカリしていて家庭がうまくいかない、もしくは家庭がうまくいっていなくてそれを職場で周囲に発散される方は多いのです。
ご存じのとおり、仕事は人と人の相互作用で成り立っており、家庭と仕事の関係は連続していると考えています」

（なんだ、それは？　仕事と家は別のものだろうが）

「あなたがイライラしている理由までお聞きしたりはしませんが、それでは職場のコミュニケーションも家庭のコミュニケーションもうまくいかず、結果として人生も望んだ方向に進めなくなると思いますよ。あなただけでなく、あなたの部下も不幸になるというものです。私は仕事を成功させるための8割は家庭の成功にあると思っています」

「仕事を成功させるためには家庭の成功が不可欠ということですか？　そんなことありますかね？　現に私は家庭がうまくいっているかはなんとも言えませんが、仕事では成果を出していますよ」

「なるほど。では、なぜこのようなコンサルティングが行われているのですか？　仕事がうまくいっていないからではないのですか？」

「うっ……」

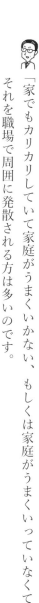

目の前のことだけに集中する「マインドフルネス」

「それでは本日の内容に入りましょう。本日は3つの土台の1つ、情緒安定に関してです。これを学んで、カリカリを低減していきましょう」

（仕事はうまくいっているが、コンサルタントを呼ばれているのは事実だしな）

「まずは『**マインドフルネス**』というものを知っていますか？」

「マインドフルネス？　言葉を聞いたことはあるが。どんなものだったか……」

「座禅は知っていますよね。座禅の宗教観を無くしたものだと理解してもらえればと思います。マインドフルネスの中心の1つは呼吸法です。アメリカのイェール大学で非常に研究が進んでいるのですが、**適切な呼吸法を行えば集中力が向上し、情緒も安定する**と言われています。外資系の企業ではマインドフルネス瞑想《めいそう》ルームを福利厚生で設けているところもあるくらいです」

（座禅だとか呼吸法だとかは馬鹿らしいが、外資系企業で取り入れているのか……）

「基本はすごく簡単です。ポイントは2つ。**①呼吸にだけ集中する。**そして、**②雑念が入ってきてもよい。ゆっくりと呼吸に戻す**」

「ふうん」

「人間は実に1日の46・9％の時間を複数のことを考えながら過ごしていると言われていま す。要するに『心ここにあらず』なわけです。そんな状態ですから目の前のこと以外も気 になって、不安になったり、迷ったり、イライラしてしまうんです」

「なるほど」

「**1日の中でほんの数分でも目の前のことだけに集中する時間を取ることで、不安、迷い、イライラを低減させる練習になり、迷いがなくなっていく**というわけです。不安やイライ ラに対して絶大な効果がありますので、ぜひ今日から実践してください」

「……」

「さっそく試しにやってみましょうか。一緒にいきますよ。それではリラックスして目を閉 じて、呼吸だけに意識を集中してください。5分いきますよ」

（なんなんだ、いったい。もう勝手に始めているし……）

「はい、5分経ちました。いかがでしたか？」

「いや、全然集中できませんでした。仕事のことが頭に浮かんで……」

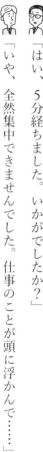

「最初はそうですよね。でもまったく問題ありません。先ほどもお伝えしましたが、雑念が浮かんでもそっと呼吸に集中を戻して、呼吸だけを意識してください。どうしても雑念が離れない時は浮かんできたことを何かに書き出すのもおすすめです」

「最初はうまくいかなくていいんですね」

「はい。でも、朝と夜とご自宅に戻る前の3回は必須でお願いしますね」

「そんなに？　絶対無理です」

「それではご自宅に帰る前の電車の中とか、帰ってからお風呂の中、もしくは朝起きた時、寝る前などでもよいので、実践してみてください。最低3分でいいです」

（押しつけてくるなあ）

「大事なのは、外、つまり職場と、内、つまり家庭で気持ちを切り替えることです。そして、仕事の悩みや怒りをオフィスの外では忘れることが重要です。マインドフルネスは、できれば落ち着いた環境で取り組むようお願いします」

「わかりましたよ。やってみます」

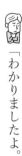

怒りを6秒だけ我慢して自分の感情を爆発させない「6秒ルール」

「それから、セットで『**6秒ルール**』もおさえてください。イライラしたら6秒我慢する。すると怒りの感情が小さくなっていきます」

（また押しつけてきた）

「人間は怒っている時、アドレナリンというホルモンが激しく分泌されていると言われています。それが6秒でピークをむかえるので、その6秒を我慢しようというものです。6秒ルールを知ることがまずなにより大事です。それを意識した上で、怒りそうになったら数字を数えてみたり、自分自身に『怒りよ、おさまれ！』と強く念じることでうまくいくケースもあります」

「へえ」

「数字を数えるというのは、100－5＝95、95－5＝90……というように、引き算を繰り返すとよいかと思います」

「まあ、たしかに数を数えるだけより、引き算でもしているほうが怒りに向き合わずにすみそうですね」

「とにかく、まずは今日から6秒を意識して、怒りをコントロールしましょう。『**怒りを制するものは己を制す、怒りを制するものは人生を制す**』です」

「人生を制すって大袈裟な……」

「それでは、本日のコンサルティングは以上で終了です。実践課題として、マインドフルネス、6秒ルールを実践してきてください。

家に帰る前に、必ず学んだことを思い出し、マインドフルネスをしてから笑顔で帰宅してください。私も、仕事で嫌なことがあっても、自宅の玄関を開ける前に気持ちを切り替えるように習慣づけています。マインドフルネスは電車の中で、3分でよいので実施して帰ってくださいね！　あと6秒ルールは常に意識していきましょう」

「はあ……」

「明日、実践した結果をうかがいます」

（普段まったく意識していないことをいきなり言われて困惑するな。しかし自分のキャリアのためにも少し実践してみるか。なにも変わらなければ明日のコンサルティングでダメ出ししてやろう！）

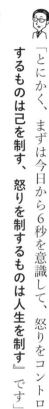

本日の振り返り

■人として成長するために3つの土台と3つの役割を意識する。
■人生をより幸せに生きるために、まずは自分の身を修めることから始める。
■今、ここに集中するマインドフルネスを活用し、職場だけでなく家庭でのイライラも減らしていく。
■帰宅前に最低でも3分のマインドフルネスを行う。
■怒りを覚えたら、数を数えたり引き算をするなどして、6秒我慢する。

Chapter 2

土台を築く・情緒安定②

～ポジティブマインドをつくる～

2日目の火曜日、
「セルフトーク」「ポジティブシンキング」
「顔面フィードバック仮説」
「GOOD・BAD・NEXT」を学ぶ

カツカツと今日も廊下を急ぐ足音が聞こえる。
ただその足音は、昨日よりもわずかではあるが軽やかに聞こえる。

昨日は不満気にコンサルティングを受けていた彼だが、ほんの少しだけ変化し始めていた。

昨日と比べて心の状態がいくらか安定していたし、仕事により集中して向き合うことができた。日頃から感じていたイライラが少し抑えられた。自身でもそんな気がしていた。

しかし、それはまだ大きな変化とはいえない。
ただ、元来合理的な性格であり、成果思考がとても強いため、変化を感じた彼は変わることへの抵抗が薄れつつあった。

もちろん、まだヒューマンコンサルタントなる人物を信頼しているわけでもなく、このまま素直に行動してよいかの確信を持てないではいる。

そもそも自分を修める？　マインドフルネス？　6秒ルール？　知らない知識を矢継ぎ早に伝えられ、少し面を食らっただけではないか、本当にそんなことをして意味があるのか。

いちいち手間がかかるし、時間を奪われるのは勘弁してほしい――、そんな考えも頭にちらつく。

ただ、いつも部下に伝えており、自分自身にも投げかけている、「時間がないのだから早くしろ、効率よく動け、無駄なことは止めろ」という言葉は「とりあえずやってみよう、成果も少しだが出始めているじゃないか」という言葉に打ち消されつつあった。

迷いもある中で、2日目のコンサルティングが始まろうとしていた。

（ヒューマンコンサルタントとかいう奴の言うことなど無視してしまおうかとも思ったんだが、俺は根が真面目だから、昨日言われたことを少し実践してみた。なにも効果がなければダメ出しをして、人事部にも『こんなことをやっても意味がない』と言ってやろうと思っていたんだ。だが、意外にも変化が起きてしまった……。

いきなり完璧ではないが、たしかにマインドフルネスを実践すると心が落ち着くし、怒りを忘れていられるし、集中もできるようだった。

家庭内での大きな変化はまだないが、いつもより穏やかな気持ちで過ごせた。悪くない。

不思議と家庭でリラックスができると職場でもリラックス効果が続くのだと気づいた）

報告することは「GOOD・BAD・NEXT」でまとめよう

「こんばんは。それでは2日目も始めていきたいと思います。本日からコンサルティングの中身は2部構成でいきたいと思っています。前半が振り返りパートです。昨日の学びや実践結果の振り返りを行うパートです」

「振り返りパートですか」

「ちゃんと実践できたか、実践してどのような学びがあったかなどを共有できればと思います。実践した結果は『GOOD・BAD・NEXT』に分けて報告していただけますか」

「GOOD・BAD・NEXT？」

「はい。具体的に説明すると、**実践してみてよかったこと、うまくできたことが『GOOD』、難しかったこと、うまくできなかったことが『BAD』、次回からさらに実践することが『NEXT』**です」

「なるほど」

「なぜこの順番かというと、あなたは今新しいことにチャレンジしています。頑張っているわけです。その頑張りをまずは『GOOD』で認めてあげる、その上でうまくできなかった『BAD』の部分を考え、次はどう行動するかを検討する——という順番にしたいからなんです。もちろん質問も大歓迎です。質問は随時していただければと思います」

「わかりました」

「後半は新たに実践すべきことを学ぶパートになります。日々新しい学びがありますので楽しみにしていてください。『GOOD・BAD・NEXT』という考え方はご存じでしたか？」

「いいえ、初めて聞きました。面白い考え方ですね。ただ、急に言われてもできるかな？」

「すぐに慣れますよ。それではまずは本日の前半部分、振り返りのパートに入りましょう。昨日はヒューマンコンサルティングの全体像と『マインドフルネス』『6秒ルール』について学びましたが、改めていかがでしたか？　どのような感想を持ちましたか？」

「普段考えないこと、意識していないことなので、勉強にはなりましたかね。改めて色々な考え方があるのだなとは思いました」

「なるほど。学びになったならよかったです。しかし、このコンサルティングの目的は、あなたの日頃の態度や行動を根本からよくしていくことです。行動を変えるためには実践課題に真摯に取り組まなければなりません。実践課題は実施できましたか？　実践した結果はいかがでしたか？」

「えーと、一応実践はしたんですが、昨日の今日ですし、まだなんとも言えません」

「それでは全然状況がわかりません。あなたはいつも部下にそんな感じで報告をさせているのですか？　もっと具体的に報告させているはずですよね？　実践できたならば具体的に説明してください。どこでどれくらいなにを実践して、結果どのような変化が生じたのですか？『GOOD・BAD・NEXT』で報告をお願いしますよ」

「わかりました、報告します。帰りの電車ではスマホを見ずに、目を閉じてマインドフルネ

スを実施してみました。またお風呂の中でもやってみました。やってみて、昨日コンサルティング中に5分実施した時と同様に、仕事のことがものすごく頭にちらつきました。しかし、昨日アドバイスされたとおり、仕事のことが頭に浮かんでも、すぐ呼吸に意識を戻してみました。もういいかなと思って時間を確認してもまだ1分くらいしか経っていなくて、呼吸に集中することの難しさがわかりました。また、今まで自分はどれだけこういうなにも考えない空白の時間をつくれていなかったのかなと思いました。常に仕事のことを考えていたのだなと感じました。数分ですが意図的にマインドフルネスで空白の時間をつくることで頭がスッキリした気はしましたよ。

6秒ルールについては、昨日帰宅した時はもう妻が寝ていましたし、朝も特にこれといった話はしていないので、家ではできていません。ただ部下に対しては本日実践する機会があったので、いつもなら怒鳴るところを6秒我慢してみました。結果はなんとも言えませんが、6秒を意識したということころですかね。

このような報告でよろしいですか？『ＧＯＯＤ・ＢＡＤ・ＮＥＸＴ』は整理できていないので、今日のところは勘弁してください」

「ありがとうございます。さすが、できるビジネスマンという報告ぶりですね。『ＧＯＯＤ・ＢＡＤ・ＮＥＸＴ』は、いきなりは難しかったですかね。本日は結構ですが、明日からはお願いします。

実践ができた、意識ができたところがまず素晴らしく、加えて多少なりとも効果があったのなら喜ばしい限りです。始めたばかりですので、マインドフルネスは継続して毎日実践してください。実践していくうちに時間も気にならなくなりますし、より頭がスッキリしてくると思います。

6秒ルールも実践していただき、ありがとうございます。おっしゃるとおり、私がコンサルティングしている内容は、家庭だけでなく職場でもそのまま使える内容になります。学んだことは家庭や職場で実践してみてもらえればと思います」

「そうですか」

「マインドフルネスの難しかったところはうかがいましたが、6秒ルールについて、難しかったところはありませんか？」

「難しかったところですか？　6秒我慢するために頭の中で引き算をしていたのですが、その6秒の間、部下はなにをすればよいかわからず、固まっていました。あの6秒は、とにかく相手を待たせておけばいいのですかね？」

「よい質問ですね。部下の方をただお待たせするのは好ましくありません。私がよく実施するのは、少し場所を変えようと会議室等に誘導している間に数字の引き算を行い、冷静になる方法ですね。もしくは、『今、手が離せないので5分後にあなたの机に行く』と声をか

けて時間をつくったり、『少しだけ待ってね』とひと言声をかけて、書類等を探しているふりをしつつ6秒我慢するということも行います」

「そういう手法もあるのですね。家庭でも同じですか？」

「家での場合は今お伝えしたことに加え、トイレ時間を活用することが多いですね。『ちょっとトイレに行ってくるから、戻ってきたら話そう』と伝えてトイレに行く。そして、トイレに行っている間に理性を取り戻すという感じです」

「なるほど。あなたも地味に色々と努力をしているのですね」

「円滑なコミュニケーションを続けるためには努力が必要なんです。ですから、マインドフルネス、6秒ルールの内容は必ず今日以降も実践してくださいね。

さて、他に疑問や質問はありませんか？　ないようでしたら、本日の後半部分の新たな学びのパートに移ります」

「ポジティブセルフトーク」でネガティブ思考から脱却しよう

「それでは、本日も修身斉家治国平天下の『修身』のパートをお伝えしていきます。この言葉の意味は覚えていますか？」

「覚えていますよ。まず自分を修め、家庭を整え、国家を治め、天下を平和にしていくべきであるということでしたよね。昨日は自分を修めることを学びましたが、今日は第2弾ということですね」

「おっしゃるとおりです。それでは続けていきましょう。いきなりですが、あなたはやはり態度があまりよくないですよね」

「なっ、なんなんですか？　いきなり！」

「おっと、6秒ルールをお忘れですか？　怒ってはダメですよ。態度を変えれば人生が変わると私は思っています」

「……」

「今のは半分冗談で半分本気です。あなたの態度の悪さはネガティブ思考から来るものも多いのではないかと推察しています。そこで、今日学ぶことは『**ポジティブセルフトーク**』と『**顔面フィードバック仮説**』というものです。ご存じですか？」

（腹は立つが、俺がネガティブ思考かだって？　考えたことなかったな。どういうことかもう少し詳しく聞いてやろうか）

「ポジティブセルフトークに、顔面フィードバック仮説ですか？　初めて聞きました」

「お答えありがとうございます。初耳でしたか。とても簡単なことなので、構えなくていいですからね。この2つは昨日のマインドフルネス、6秒ルールに加えて、自分を修めるために知っておくべきこと、実践すべきことになります。
それではポジティブセルフトークから始めましょう。まずは質問ですが、コミュニケーションは誰と行うためのものだと思いますか？」

「コミュニケーション？　それは他人と交わすための手法ですよね。違うんですか？」

「半分正解というところですかね。コミュニケーションの相手は他人だけではないんです」

「はい？　意味がわかりません。どういうことですか？」

「日頃、ひとり言を口にしたり、考えごとをしている時に、自分への問いかけを行ったりしませんか？　コミュニケーションは他の人を相手にするものと思いがちですが、実は自分自身に対しても常に行っているんです。むしろ自分自身とのコミュニケーションの方が断然多いんです」

「なるほど、そういうことですか。思いつきもしませんでした」

「ひとり言や自分に問いかけるように、自分とコミュニケーションすることを『**セルフトーク**』といいます。このセルフトークですが、時にすごく厄介なものでもあるんですよ。で

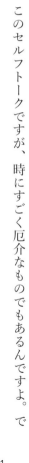

も、あなたにとってはこのセルフトークの改善が劇的に自分を修めることに繋がると考えています」

「セルフトークで自分を修められるんですか」

「そうなんです。それと、また1つ質問をさせてもらいます。人は誰でも一日中、自分に問いかけたり、つぶやいたりしているものだと言われていますが、実際には1日に何回くらいセルフトークをしていると思いますか？」

「意識したことがないから、よくわかりませんが……。1000回くらいですかね？」

「考えてくださってありがとうございます。一説によると、1日3万回以上と言われています」

「3万回!?　そんなに多いんですか？」

「朝、目覚めてからの流れで考えてみてください。朝起きた時、冬場なら『寒いな、起きたくないな』とか、『だるいからもう少しだけ寝よう』とか、『今日の天気はどうかな？』とか、いきなり問いかけていますよね。1分間に数十回くらいは自分自身に問いかけたり、心の中でつぶやいたりしているんです。意識してみてください」

「なるほどね」

「そして本日お伝えしたいのはその中身です。この自分への問いかけ、セルフトークの中身が人生の質を決めていると言っても過言ではありません。自分の意識や行動をコントロールしているのがセルフトークなので、あなたのようにイライラしたり、怒りっぽい人はネガティブなセルフトークを行っている可能性が高いのです」

「私は別にネガティブな人間ではありませんけれどね」

「なにかあると『あいつは本当にダメだ』とか『使えない』とか『ふざけるな』とか。『自分はこんなにやっているのになんであいつは』とか考えてしまう人は結構多いんですよ」

「なんだ、一般論ですか」

「セルフトークには自分の信念や生き方が出やすいんです。例えば、『自分はなにをやってもうまくいく』と思っているのか、反対に『うまくいかない』と思っているのか。『一生懸命に努力すれば報われる』と思っているのかいないのか」

「まあ、自分の考えですからね」

「緊張や怒りの感情も、実はセルフトークを行うことにより自分でコントロールしていると言われています」

「緊張や怒りって、自分でコントロールできるものなんですか？」

「そのとおり。あなたは昨日に比べて少し落ち着いているようですが、それは外部からの刺激に対して、少し時間を置くことができるようになったからと思われます。マインドフルネスや6秒ルールが引き金ですね。今までは刺激があると即反応をしていたのに対して、間を置く術《すべ》を身につけたのです」

「そう見えるのなら、そうかもしれませんね」

「今回のセルフトークも同じ考えで、人間は刺激があると反応をするのですが、反応の前にポジティブなセルフトークを行い、刺激を中和するということを行っていきたいと思います。刺激がありネガティブなセルフトークを行っていると、悪い反応を導くわけなのですが、それが今までのあなたであると言えます」

（一般論なんだか、自分のことを言われているんだか、よくわからないなあ）

「さらに突き詰めて考えると、すべての反応は自分自身が選択しているのです。例えば、なんらかの刺激があった時に自分で緊張や怒りの反応を誘導するセルフトークを行った場合は、結果として怒鳴ったり、緊張して固くなる行為を引き起こしているわけです」

「そういうものですかね」

「そういうものなんです。仮に、すごく緊張するプレゼンテーションの場面で『緊張するような大きな案件にかかわった経験は将来必ず役に立つ。だから、落ち着いて後悔しないように頑張ろう！』などとポジティブなセルフトークを行えば、緊張も少しはほぐれると思いませんか？　逆に『プレゼンテーションは過去にうまくいったことがないから、今回も失敗するかもしれない。心配で仕方がない』とか、『もっと練習しておけばよかった。自信がないな』というセルフトークを行っていたら、緊張はほぐれるでしょうか？　ほぐれませんよね」

「そう言われると、少しわかるような……」

「そうでしょう。結局、**すべての反応は自分が決めている**のです。緊張も怒りも、自分でそうなりたいと決めているのです。あなたの態度が先ほど悪かったのも、『私と話す』という刺激があり、その刺激に対して『面倒くさいなあ』とネガティブなセルフトークをして、その結果、悪い態度になるという反応を自分で決めているわけですね」

（ギクッ）「なんともコメントしづらいですね」

「ただ、昨日よりは態度が改善していますので、面倒だけど少しは興味を持っている、とい

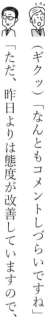

うところでしょうか」

（ドキッ）「でっ、では、ネガティブなセルフトークをしてしまう人はどうすればいいのですか？　意識して変わるのですか？　意識は大事だと昨日教わりましたが、意識さえすればいいのですか？　それだけで変われますかね？」

「率直なご質問をありがとうございます。それでは、ここからはネガティブセルフトークをポジティブセルフトークに変えるにはどうすればよいかをお伝えしていきますね。
相対性理論で有名なアインシュタインは『自分を取り巻く社会環境に根差す価値観・先入観と異なる意見を平然と口にできる人は多くはない。たいていの人はそのような意見を持つことすらできない』と言っています」

「へえ、アインシュタインが」

「はい。要するに、絶望に囲まれた家庭環境等で成長した人は絶望に満ちた信念を持ち、そのようにセルフトークを行う。その結果、失敗や絶望ばかりのイメージが先行して、成功を生み出す内面的イメージをつくれない。イメージがないため、いつまでも成功できないということになります。
逆に、例えば、成功や栄光に囲まれて成長した人ならば安易に成功や栄光のイメージを持ってポジティブなセルフトークを行うはずです」

「それでは、家庭環境ですべて決まるということですか？　そんなの理不尽すぎる！」

「たしかに、生まれた環境ですべて決まっては悲しいですね。もちろん、必ずしもそうなるというわけではありません。孤独や絶望の中に生きた人でも、その環境を克服することもあれば、人生を前向きに生きようとする手本になる人がいたりして、考え方が大きく変わることもあります。個人の努力や強い意志でネガティブセルフトーク、ネガティブ環境から抜け出す人もいます」

「一概には言えないけれども、家庭環境の影響を受けやすいということでしょうか」

「そうですね。以上の説明から言えることは、ずばり『ポジティブな人と付き合おう』ということですね。今から過去の家庭環境は変えられないので、愚痴を言い合う友人だけではなく、ポジティブな思考を持つ人も友人として迎えるべきです。あなたの友人や職場の同僚にポジティブな人はいますか？」

「残念ながらポジティブな思考の友人は、あまりいない気がします。付き合う人まで変えるというのは大変です」

「そうですね、たしかに少し大変かもしれません。ただ、友人からのポジティブな影響は威力絶大なので、ぜひ周りにいないか、探してみてください。もしも職場の同僚や知り合い

でポジティブな人がいたら、付き合う時間を長くしてみてください。人生において『3人の師を持て』なんて言ったりしますが、それも『ポジティブな影響を与えてくれる人を周りに増やそう』ということでもあると私は解釈しています」

「なるほど、考えたこともありませんでした。急に付き合う人を変えるのは難しそうですが、覚えておこうと思います」

「色々な手を尽くしてポジティブな思考になることは非常に重要です。ネガティブな感情の時はネガティブセルフトークをしてしまい、より状況を悪くすることが多いですからね」

「たしかに」

「ポジティブな思考になるために必要なことをお伝えしましょう。

1つめに、**これまでの人生で幸せな気分になったこと、いい気持ちになれたことを思い出し、それに意識を集中すること。**家族との旅行や過去に成功したことでもいいです。

2つめに、**ワクワクする楽しみな予定を考え、書き出し、実際に予定を入れること。**これは、ある研究でお気に入りの映画を見ることを想像しただけで脳内のエンドルフィンのレベルが27%も高まり幸福感が高まったという実験から、重要だと言われています。

3つめに、**ネガティブな思考が頭に浮かんだら、その都度メモを取り、ポジティブに捉え直すこと。**メモはノートでもスマートフォンのメモアプリなどでもよいです。カウンセリングでも活用されている『**ビリーフチェンジ**』という手法です。

4つめに、朝起きた時か夜寝る前に、**1日に起きたよいことを3つ書き出すこと。**これを実践すると、しなかった人よりも感情の落ち込みが少なくなると言われています。

5つめに、**ある動作を行った時に強制的にポジティブなことを考えるように仕組みをつくること。**例えば帰宅して家のドアを開ける前に妻を褒めることを1つ考えるとか、会議室のドアを触ったら褒めたいと思う部下を思い浮かべ、会議が始まる前に実際に褒めるとか、動作とポジティブ思考をセットにして仕組み化することですね。

最後の6つめは、朝起きた時か夜寝る前に、ちょっとしたことでもいいので、**毎日の感謝を5つ書くこと。**実験ではこれを実施すると幸福感がアップし、ポジティブになった、よく眠れるようになった、身体的な不調も減ったという報告があがっています」

「ちょっと多すぎませんか」

「1つめから3つめは、ネガティブ思考に陥ったら、その都度実施することですね。昨日学んだ、怒りをコントロールするテクニックにも通じるところがあります。ポジティブな感情は、ストレスや不安を打ち消します。心理学では『打ち消し効果』と呼ぶのですが、ちょっとした幸せを見つけることは大事なのです」

「もしかして、その3つを実践してこいってことなんですか？」

「そのご質問に答える前に、最後まで説明してしまいますね。

4つめから6つめは、ポジティブを習慣化するために、毎日定期的に実施することです。年中ネガティブな側面を探している人は創造性を潰し、ストレスを増やし、モチベーションを下げ、目標達成する能力を低くする、なんて言われています。ネガティブ要素を潰すことが大事なのです」

「困りますよ。それじゃ、一日中このことだけを考えてなきゃいけないじゃないですか」

「そうですか？　先ほどの質問の答えとしては、本当は全部実施してほしいところなのですが……。そんなに言うならしょうがないですね。まずは先ほどの6つの中から3つを意識して実施してみましょうか。

3つめの、ネガティブな思考が出たら都度メモを取り、ポジティブに捉え直すことに関しては、傾向を見たいので毎日取り組んでいただくようお願いします。

それ以外では、1つめか2つめのネガティブ思考になったら都度実施することから1つ、4つめから6つめのポジティブを習慣化するために毎日定期的に実施することから1つ、ご自身で選んでいただいて構いません。どれをやってみようと思いますか？」

「えーと、それでは2つめの〈楽しい予定を書き出すと幸福感が高まる〉と、6つめの〈毎日の感謝を5つ書く〉というのにします。大変そうですけどやってみますよ。

ただ、3つめの〈ネガティブな思考が出たら都度メモをし、ポジティブに捉え直す〉というのは、どんなふうにやればいいのか、教えてくれませんか。他の人はどのようにポジティブに捉え直しているんでしょう？」

「わかりました。例えば、『上司に怒られて嫌だ』というネガティブ思考をポジティブ変換すると、『上司から成長の機会、気づきの機会をもらえた』などになりますよね。
他にも、『いじわるな取引先と商談があって嫌だ』というネガティブ思考は、『色々な人間がいると教えてくれて人間的に成長できる』などとポジティブ変換できますね。
先日、私が実際に考えた例で言えば、『道を歩いていて肩をぶつけられた』というネガティブ思考を、『自分がすぐに怒りの感情を出さないように鍛えてくれているんだ。感謝だなあ』とポジティブ変換しました」

「あなた、『超』が付くくらいのポジティブ人間なんですね」

「ありがとうございます。それでは大丈夫ですかね。明日のコンサルティングの時間にご報告をお願いします」

（面倒な課題が増えちゃったなあ……）

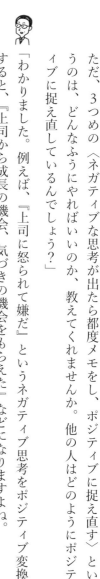

表情が脳にフィードバックされて感情を引き起こす「顔面フィードバック仮説」

「最後に、『**顔面フィードバック仮説**』という仮説をお伝えして、本日は終了しますね」

「顔面フィードバック仮説？　なんですかそれは？　インパクトある言葉ですね」

「これは、**表情が脳にフィードバックされて、その表情の感情を実際に引き起こす**という心理学の仮説です。要するに人は**笑顔でいると脳がポジティブだと勘違いしてポジティブになっていく**ということなんです。
ですので、これからは10倍笑顔を意識して、常に笑顔になってください。笑顔でいることは大人のマナーでもあります。情緒を安定させて、怒りをコントロールし、ポジティブに笑顔をつくるよう、お願いしますね」

「笑顔10倍……」

「明日も、実践した課題の共有から始めますよ。明日は『GOOD・BAD・NEXT』で報告をしてくださいね。課題を実践してみて『よかったこと、うまくできたこと』『難しかったこと、うまくいかなかったこと』『次回からさらに実践すること』、この順番でご報告をお願いします。
実践課題をまとめると、ポジティブ思考になるための3つのことを実施し、常に笑顔を意

識すること。振り返りの報告は『GOOD・BAD・NEXT』で行うこと。もちろんマインドフルネス、6秒ルールも継続してくださいね」

(面倒くさいけど、少し興味も出てきたような気がするしなあ。やってみるか)

「わかりました、やってみます」

本日の振り返り

■振り返りは『GOOD・BAD・NEXT』で行う。
■ポジティブセルフトークを行うためにまずは意識をポジティブに変える。
■ポジティブな友人と付き合い、ネガティブ環境を変えることも重要。
■ネガティブワードをポジティブワードに変えるビリーフチェンジを行い、思考の癖を変える。
■その他ポジティブ思考になるための取り組みは、自分に合ったものを試し、実践し続けることが重要。
■常に笑顔を意識し、脳にポジティブだと勘違いさせることが重要（顔面フィードバック仮説）。

Chapter 3

土台を築く・傾聴①

～心から聴く～

3日目の水曜日、
「傾聴」「返報性の法則」
「3つの質問」を学ぶ

今日の会議室へ向かう足音は軽快であった。足取りがいつもより軽い。それは前日のコンサルティングを受けて実践したことが、さっそく結果を生んだからであった。

ポジティブセルフトークやビリーフチェンジという、ポジティブに思考を変換する手法は彼に対して凄まじい効果を発揮し、少し発想を変えるだけでこんなにも思考が変わるのかと驚きもした。

今まで荒ぶる海にいたとすると、静かな安定した海にいるように心が落ち着いていた。心の中を穏やかな風が吹き抜け、気持ちが軽くなる。そんな感覚であった。

また彼は他人や自分以外の人間がどのような思考で日々生活をしているのか、そんなことにも興味・関心を持ち始めた。今までは自己中心であり他人が日々どのような思考で生活しているかなどあまり興味もなかったのだが、自分にとっての核が形成されつつある中で、他人の考えにも興味を持ち始めたのだ。

「これは大きな変化が起きる予感がする」、そんなことを感じ始めていた。

ヒューマンコンサルタントへの信頼はもちろんまだ完全ではないが、この面談の時間にワクワクし始めている自分に少し悔しさも持ち始めていた。

期待に胸が膨らみつつ、3日目のコンサルティングが始まる。

（正直驚いている。昨日から常に笑顔を意識し、ポジティブ思考になるための3つのことに取り組んできたが、今まで意識していなかったことが多すぎてびっくりした。こんなことは人生でほとんど考えたことがなかったので新鮮だ。他のビジネスパーソンや家庭を持っている人はこんなことを常に意識しているのだろうか。
昨日、家庭環境は自分をポジティブ、ネガティブに形づくる一因だと聞いたが、今受けているコンサルティングの考え方を子どもの頃から教育されていたら、前向きな人間になるのではないか。自分がこのやり方に慣れてきたら、子どもにも教えてみよう。
『マインドフルネス』や『6秒ルール』も少しずつ軌道に乗ってきているが、月曜と火曜に習ったことは考え方に繋がりがあるのだとも気づくことができた）

ネガティブな出来事をポジティブに変換しよう

「こんばんは。今日はなにか雰囲気が違いますね。いいことでもありましたか？」

「いや、新しいことを学んで視野が広がったと思いましてね。実践もしてきましたよ。ぜひアドバイスをお願いしたいです」

「のっけからこんなポジティブなお言葉を聞けるとは、コンサルタントとしてはうれしい限りですが、急に変わると少し気味が悪いですね」

（なんだよ、せっかく学んだことを実践したって言ったのに……）

「それでは本日も前半の振り返りパートからいきましょう。昨日の実践課題として、ポジティブ思考になるための3つのことを実施し、常に笑顔を意識すること、そして、振り返りの報告は『GOOD・BAD・NEXT』で行う。もちろんマインドフルネス、6秒ルールも意識をして、というところでしたね」

「もちろん実施しましたよ。気づきもありました。先に簡単な質問をさせてください。月曜日に学んだことと火曜日に学んだことは、考え方に連続性がありますよね？　慣れもあると思いますがマインドフルネスや6秒ルールを実施するのがスムーズになってきた気がします」

「実践していただきありがとうございます。素晴らしい気づきですね。おっしゃるとおり、月曜日の内容と火曜日の内容は連続して自分を修める、いわば修身パートですので、それぞれ意識することで相乗的な効果があります。これまでと、今日と、そしてこれからお伝えしていくことは、それこそすべて繋がっています。学んだことは常に意識しておいてもらえればと思います」

「やっぱりそうですよね。それがわかって、スッキリしました」

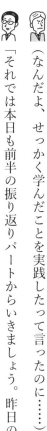

「それでは、さっそく昨日取り組んだことを、『GOOD・BAD・NEXT』で説明してもらえますか。『よかったこと、うまくできたこと』『難しかったこと、うまくできなかったこと』『次回からさらに実践すること』の順にお願いします」

「それでは報告しますね。メインはポジティブ思考になるための3つの取り組みです。
『GOOD』は、ワクワクする予定を書き込むというのを実践できたことです。朝あまり気分が晴れなかったので電車の中で来月趣味の磯釣りに行くことを計画しました。これはかなり効きましたね。すごくポジティブになりました。
ネガティブなことを書き出すというのも、実際に書いてポジティブに変換してみましたが、これについては後で質問させてください。
寝る前に1日の感謝を5つ書くというのも、数は少なかったですが実践できました」

「いいですね」

「次に、『BAD』ですが、予定を書き込むのは問題なかったのですが、ネガティブなことを書き出すのは、どのレベルで書けばいいかわからず、質問させてもらおうと思います。
そして感謝は、2つしか出てきませんでした」

「そうですか。続けてください」

「そして『NEXT』ですが、ワクワクする予定を書き込むことに関しては、これからも気分が落ちている時やイライラしている時に行ってみようと思いました。特に週始めの朝、電車の中で、と仕組み化したらいいのではと考えたので、やってみようと思います。感謝は、なんとか5つ書けるようにしたいです。これもこの後、質問させてください」

「ありがとうございます。素晴らしいですね。しっかり『GOOD・BAD・NEXT』で振り返りができています。
なにより素晴らしいと思ったのは、ワクワクする予定を書き込む、のところです。『週始めの朝、電車の中で、と仕組み化したらいいのでは』というのは、まさにそのとおりですね。ちなみに私は、週刊誌の発売を楽しみにして仕事をポジティブに行っています。週刊誌の発売は定期的な予定なので自分のスケジュールと結びつけやすいですよね。仕事帰りに購入して電車の中で読むことを習慣にしていますが、毎週購入できることを考え、ワクワクしています」

「なるほど」

「ただ、ご自身でもおっしゃっていましたが、『BAD』のところに少し課題がありますね。まずはネガティブセルフトークをポジティブセルフトークに変えるという『ビリーフチェンジ』の中身を確認しましょうか」

「はい。ネガティブをどのレベルでつけるか迷いましたが、ひとまず10個つけてみました。

・はあー、だるい（ため息を常に連発）
・眠い
・なにかしゃべってくれよ（妻と家の中で会話がなくて思ったこと）
・天気が悪いのが嫌だな
・朝から部下の相談が多くてだるい
・部下の仕事が遅い
・仕事に疲れた（夕方以降連発）
・電車で若者のイヤホンから音楽が漏れ聞こえてきてイライラする
・起きてご飯つくってくれよ（家に帰ると妻が寝ていて）
・ご飯はあるが冷たい

こんなところです。つけてみると、いかにネガティブセルフトークを意識せずに行っているかに気づかされますね」

「気づきを得たのですね」

「このネガティブなことを変換してみたんですが……。次の変換で合っていますかね？

・はあー、だるい→よし、もう少し頑張ろう。ひと区切りついた。よく頑張った。

・眠い→昨日も頑張ったから疲れが少しあるのかな。無理はしすぎず今日も頑張ろう。
・なにかしゃべってくれよ（妻と家の中で会話がなくて思ったこと）→なにを考えているのかな。家事を一生懸命やってくれていてありがたい。
・天気が悪いのが嫌だな→天気が悪くてもいいことはありそうだ。
・朝から部下の相談が多くてだるい→相談に来るということは案件が動いているということだ。
・部下の仕事が遅い→仕事を丁寧に実施してくれているようだ。
・仕事に疲れた（夕方以降連発）→今日もすごく頑張っている。
・電車で若者のイヤホンから音楽が漏れ聞こえてきてイライラする→自分が音楽を聴く時は気をつけよう。
・起きてご飯つくってくれよ（家に帰ると妻が寝ていて）→家事を一生懸命やってくれたんだな。
・ご飯はあるが冷たい→ご飯をつくってくれてありがとう。
こんなところなんですが、これはかなり大きな気づきになりました。日常的にネガティブなセルフトークを行っていると認識しましたよ。ため息の数も多くて、驚きました」

「すごいですね。ポジティブ変換に関しては、問題がないどころかよく考えられていますし、レベルが高いと思います。天気のところとか、部下の方に対してのところ、ご飯に関する

ところなどは、とてもよい変換ができています。まさにネガティブからポジティブ、それが感謝へと昇華されていて、素晴らしいですよ。

ため息に関する気づきもいいですね。『ため息をつくと幸せが逃げる』なんていったりしますよね。私もため息には本当に注意しています。特に部下や妻、子どもといる時は、気をつけています」

「ポジティブ変換は問題なくてよかったです。昨日教えてもらった例がわかりやすかったので、変換はイメージがつきやすかったです」

「では、感謝したことも教えてください。2つしか出なかったとおっしゃっていましたね」

「そうなんです。それもポジティブ変換をしていて初めて気づいたくらいで……。恥ずかしながら、今までいかに人に感謝をしないで生きてきたかがわかりました。

2つというのは、部下に対して数字を上げてくれてありがとうというのと、他部署の仲間がサポートしてくれて大型契約が決まったので、そのことへの感謝ですね」

「なるほど。ありがとうございます。こちらは明日からも意識を高めつつ、もう少し広く探っていきましょう。例えば、ネガティブをポジティブに変換してもらいましたが、ここに感謝の種がたくさんありますね。奥様に対してご飯をつくってくれて感謝とか、家事をしてくれて感謝とか、部下に対して仕事を丁寧にしてくれて感謝などですね。

すべてに共通していますが、ポジティブ思考を得るためには広い視野で具体的に書くことが大事なんです。明日はより細かくお願いしますね」

「なるほど、わかりました。たしかにネガティブからポジティブへの変換の中に感謝の種がありましたね。
あと、一応お伝えしておきますけれど、『マインドフルネス』は少しずつですが慣れてきた感じがしますし、『6秒ルール』は、我慢したという感覚はないのですが、怒りの感情が前面に出ることがなかったです。
笑顔に関しては、『GOOD』が、まずは実施できたことです。たしかにポジティブな気持ちになれた気がします。そして『BAD』が、妻にも部下にも少し引かれたのではないかと思うことです。妻も部下たちも、私の笑顔を見て驚いた顔をしていました。『NEXT』についてはわかりません」

「ありがとうございます。笑顔を見せて相手に引かれてしまうというのは、よっぽど今までしかめ面をしていたのでしょうね。継続することが大事です。常に笑顔10倍でお願いしますね。ほかに質問や聞きたいことはないですか？」

「特にありません。すべて確認できました」

「傾聴」は、聴くが8割、話すが2割で、聞き手が会話をつくっていく

「それでは本日の後半部分にいきたいと思います。本日からは3つの土台の2つめ、傾聴の部分に入っていきます。『修身斉家治国平天下』でいう、家庭を整える、斉家の箇所ですね。このテーマは、ずばり今のあなたに絶対に必要なスキルです。**『傾聴』**という言葉を知っていますか？　**話している相手の方を向き、目を見てしっかりうなずくこと、心から聴くこと。**職場でも家庭でも、それができていますか？」

「なあんだ、そんなことですか。傾聴という言葉はもちろん知っていますが、それが今の私に絶対に必要なスキルですって？　傾聴なんて、とっくの昔からできていますよ」

「そうですか。それでは、本当にできているか、質問して確かめていきましょう。職場で部下の方から報告を受ける際、パソコンで作業を継続しながら報告を受けているということはないですか？　どんな時でもしっかりと部下の方へ体や意識を向けて話を聴いていますか？　ご家庭ではいかがでしょう？　奥様やお子さんと話している時に、なにかをしながら話を聞いていませんか？　例えばスマホをいじりながらとか……。話を途中で遮ったりもしていませんか？」

（うっ……。パソコンで作業を継続しながら部下の話を聞くのが当たり前だった。しかも作

業を邪魔されるからイライラして。家でも基本的にながら聞きか？　スマホをいじりながら話を聞いていることがほとんどのような気がする）

「そ、そう言われると……。傾聴できていないかもしれませんね」

「そうでしょうね。あなたに限らず、世の中の大半の方は傾聴ができていないんですよ。

改めてですが、傾聴というのは、

①心で相手の話を聴く。相手の話を絶対に否定しない

②体でも相手の話を聴く。体の向きを相手に向ける、目を見る、うなずく、相槌《あいづち》を打つ、相手の話した内容を要約する、繰り返す

というようなことです。

相手の話を繰り返すことはすごい力を持っていて、カウンセリングでは『**バックトラッキング**』と言われています。相手が『楽しかった』と言っていたら同じ感情で『楽しかったのですね』と繰り返す。『辛かった』と言っていたら『辛かったのですね』と繰り返す。そうすると話し手は『この人はしっかりと聴いてくれている』と認識し、これが絶大な効果を発揮します」

「**同じ感情で繰り返す**んですか」

「はい。ちなみに『聴く』と『話す』の割合は、何対何くらいがよいと思いますか？」

「聴くと話すの割合？　うーん、考えたこともなかった。5対5くらいですか？」

「そう思いますよね。実は『**聴く**』**が8割で、**『**話す**』**は2割がよい**と言われています。ですから『8割聴く』という意識で傾聴を実施してみてください」

「そんなに聴くほうが多いんですか」

「マタラッツォの『**うなずき実験**』というものもあります。**傾聴をしている時の態度と、していない時の態度で会話量が1・5倍ほど変わった**という実験です。もちろん、**しっかり傾聴している時のほうが会話量は多い**わけです。

このことから、私は常々『**会話は聞き手がつくる**』とお伝えしています」

「会話の量が1・5倍にねえ」

「恐ろしいことに、**聞いていない態度が続くと相手が話をしようと思わなくなる**のですね。

あなたのご家庭がそんな状態かもしれませんね」

（なんだよ、素直に傾聴っぽく聴いてるのに……。ちょくちょく気に障るような言葉をはさんでくるんだよなあ。でも本当にそうかもしれないな）

「3つの質問」で会話を広げていく

「ということで、課題は決まりましたね。昨日と一昨日お伝えした『マインドフルネス』と『6秒ルール』『ポジティブセルフトーク』『笑顔』を継続しつつ、本日はご家庭で『傾聴』を実践してきてください」

「えっ？　いやいや、待ってください。そもそもうちでは会話がないんですよ」

「安心してください。これから会話の切り口をちゃんとお伝えしますから。
まず帰宅したら、奥様に『今日はどんな一日だった？』と優しく聞いてみてください。特に会話に繋がらなければ『子どもはどんな一日だった？』と聞いてみてください。
そしてその切り口から『**3つの質問**』を多用しつつ、先ほどお伝えした傾聴を駆使して、とにかく奥様が楽しくなるように会話を続けてみてください」

「『3つの質問』とはどんな質問なんですか？」

「まず1つめが『**なんでそう思った？　なんでそう行動した？**』という質問です。これは会話を深める質問です。
そして、2つめが『**他にはない？**』という質問です。これは会話を広げる質問です。
3つめは『**その結果どうなる、どうなった？　どうしたい？**』という質問です。これは会話の方向性を決める質問です。

私たちコンサルタントも、この3つの質問を中心にヒアリングを実施しているんですよ」

「『なんでそう思った？　なんでそう行動した？』と『他にはない？』と『その結果どうなる、どうなった？　どうしたい？』か。ちゃんと覚えていられるかな」

「あなたなら大丈夫でしょう。そうそう、お伝えしておきますが、少し注意が必要なのが『なんでそう思った？　なんでそう行動した？』という質問です。**『なんで？』という言葉は、優しく伝えないと問い詰める感じになってしまう**んです。ですから、『なんで？』の質問をする時には、特に優しさを意識して、語尾は上げるようにしてください」

「『なんで？』の質問は優しくね。わかりました」

「では、そうですね。今日は最低でも30分、奥様と会話を続けるというのを目標にしましょうか」

「えっ？　30分なんて絶対に無理です」

「大丈夫だと思いますよ。だまされたと思って、ちょっとやってみてください。明日また実践した結果を『GOOD・BAD・NEXT』で報告してもらいますからね」

「『GOOD・BAD・NEXT』はいいんですけどね。妻と30分も会話が続けられるかなあ……」

行ったことはいずれ自分の身に返ってくる「返報性の法則」

「あと、今日の話に関係するので『**返報性の法則**』というものも伝えておきます。返報性の法則という言葉、ご存じですか？」

「いいえ、初めて聞きました」

「それでは、トルコのエルトゥールル号の話は知っていますか？　現在のトルコ、19世紀末のオスマン帝国の軍艦なんですけど」

「それも初耳です」

「明治初期の1890年に訪日した人たちを乗せて帰路につく途中、和歌山県の大島というところでエルトゥールル号が座礁したんです。500人以上の死者が出てしまった事故として有名です」

「うーん。その事故となんとかの法則に、なんの関係があるんですか？」

「それがすごく関係しているんです。この事故の時、大島の島民が台風の中、命懸けでエルトゥールル号の乗組員を助けたそうなんですが、そのおかげで実に70人近くの人が助かったと言われています。そして日本政府も助かった人たちを丁重に保護し、オスマン帝国へ送り届けたのですね」

「そうなんですか。でも、まだなんとかの法則との関係がわからないんですが……」

「せっかちですねえ。いいですか、ここからが大事なんですよ。
この事故でのことが影響して、トルコは今でも親日的なんですよ。しかも、驚くことにエルトゥールル号の事故から90年も経ってから起きたイラン・イラク戦争の時に、イランに取り残された在留日本人を助ける飛行機を出してくれたのがトルコなんです。日本人の多くが在留日本人の救出を諦めていたくらいの状況で、まさかのトルコ政府が救助をしてくれたわけです。
その時のトルコ政府の談話がまた感動的なんです。『我々はエルトゥールル号の事故に際して日本人がしてくださった献身的な救助活動のことを忘れてはいません。今回はその借りを返しただけです』って」

「へえー、そんなことがあったんですか」

「はい。私はこの話を子どもに伝えるために、家族と大島に行ったことがあるんです。とて

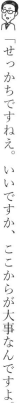

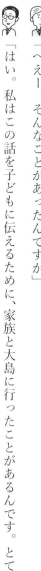

も感慨深かったですよ」

（それを子どもに伝えるために大島まで……。この人ホント変わっているなあ）

「私はこの話から『返報性は時を超える』と考えています。**行ったことは必ず返ってくる**んです。あなたも、まずはご家庭で今日お伝えした『傾聴』を実践してみましょう。まあ、あなたの場合はいきなり傾聴を始めても、奥様やお子さんに不信がられるかもしれませんね。でも、いつかきっとよい反応が返ってくるはずですから、根気強くチャレンジしてください！」

（なんかやっぱりこの人、ちょくちょく言わなくてもいいことを言うんだよなあ）
「うーん、不安しかないですが、わかりました。30分も会話できないかもしれませんが、とにかくやってみますよ」

「ぜひポジティブ思考でやってみてくださいね。明日の報告を楽しみにしています」

本日の振り返り

■感謝が思いつかない時は、ネガティブをポジティブに変換してみる。ここに感謝の種がたくさん存在する。

■人生をより幸せに生きるためには家庭を整える必要があることを常に意識する。

■心と体、全体で相手の話を聴く手法、傾聴を行うことで会話を増やす。

■聴くと話すの割合は、聴く8割、話す2割を意識する。

■会話は聞き手がつくるということを意識する。

■会話では傾聴と共に質問も活用する。その際、①「なんでそう思った？　なんでそう行動した？」（会話を深める質問）、②「他にはない？」（会話を広げる質問）、③「その結果どうなる、どうなった？　どうしたい？」（会話の方向性を決める質問）という質問を中心に行う。

■行ったことは必ず返ってくるという『返報性の法則』を意識して日々を過ごす。

Chapter 4

土台を築く・傾聴②

～存在を承認する～

4日目の木曜日、
「学習性の絶望」
「ポジティブフィードバック」
「バケツ理論」「行動分析学」
「アイメッセージ」を学ぶ

再び廊下をこだまする、カツカツカツという激しい音。

前日とは一転してそこに穏やかさはなく、怒りに満ちている。

それもそのはず、昨日のコンサルティングで出された実践課題の結果が散々だったからだ。

傾聴なんてとてもではないができず、マインドフルネスやポジティブセルフトークなど、自分を安定させることも意味をなさなかった。

心がざわついていた。感情の波に翻弄されている。

今まで学んだことはやはり無駄だったではないか、そんな憤りの気持ちで溢れている。

今日はいつも以上にコーヒーを飲み、なんとか心を落ち着かせていた。

ヒューマンコンサルタントへの信頼は崩壊し、このコンサルティングへの期待は一気にトーンダウンしていた。

実は少し明るい未来も想像してしまっていた。

もしかすると、これから人生はより充実するのではないか、妻や子どもの笑い声が響く家庭、みんなでなにげない会話を楽しむ夜が再び来るのではないか。

そんな何年も前に意識していたことが思い起こされ、またあの頃のようになるのではないかと期待をしてしまった自分を責めていた。

あのコンサルタントになんて言ってやろうか。「こんなコンサルティングは無意味で無価値だ！」と滅茶苦茶言ってやろうか。

怒りの感情と共にそんな言葉が頭の中を駆け巡っていた。

（正直、怒りを感じている。昨日の課題である妻との30分の会話が、指示されたとおり実施したのに、全然うまくいかなかったからだ。最近妻とそんなに話をしていなかったので課題に取り組もうとしても気が重かったのだが、案の定だった。

自分としては傾聴の姿勢を示したが、妻はあまり話をしてくれなかった。「あまり」というのは、子どもの幼稚園の悩みを少し話してくれたからだ。しかし、最終的には妻から「あなたは私の言うことを全然聞いてくれない」と冷たく突き放されてしまった。昨日教えられたとおり、しっかり傾聴の姿勢を示したのにひどいものだ。

月曜・火曜の教えも実践して、気持ちも落ち着いていたし、ポジティブ思考で臨んだのに、一体どういうことだ。

納得できない。ヒューマンコンサルタントとやらに説明させよう。場合によっては人事部に「こんなコンサルを受けても役に立たない」とクレームを伝えてやろうか……）

「学習性の絶望」から抜け出すために、信頼関係を回復させよう

「こんばんは。今日で4日目になりますね。さっそく始めましょう。

まずは、いつもどおり前半の振り返りパートからいきましょう。昨日の課題、30分奥様と会話するというのはいかがでしたか？　実践できましたかね。『GOOD・BAD・NE

XT』で報告をお願いします」

「今日ははっきり言わせていただきます。というか、正直怒っています。
昨日はマインドフルネスやポジティブセルフトークなどを実施し、スッキリした気持ちで帰宅しました。特に家に帰ってからの気持ちの切り替えはかなり意識しています。
そして、教わったとおり、傾聴を実施したんです。それなのに、傾聴は大失敗でしたよ。妻に『話をしたい』と伝え、話を聞き出すように努めましたが、はじめのうち、妻は全然話をしてくれなかった。あの時間は辛すぎました。やっと話が出てきたと思ったら子どもの幼稚園の話でケンカになって、もう散々ですよ。言われたとおりやったのに、納得いきません」

「なるほど、昨日はあまりうまくいかなかったのですね。私の伝え方や手法が悪かったかもしれません。申し訳ありませんでした。ただ、うまくいかなかったことがわかったので、そこはポジティブに受けとめ、改善していきましょう」

（『うまくいかないことがわかった』だと？　でも謝ってはきたな）

「今のお話をうかがって、２つ問題があると思いました。
１つめは全然話をしてくれなかったという点、２つめは幼稚園の話でケンカになったという点です。１つずつ考えていきましょう。

話をしてくれなかったということですが、どのような状況でしたか？　もう少し具体的に教えてもらえませんか？」

（ホントに『超』がつくほどポジティブだな。この後の返答によっては人事にクレームだ！）

「全然話をしてくれなかった時の状況ですが、まず私はポジティブな気持ちで、仕事とは気持ちを切り替えて帰宅しました。そして妻に『今日はどんな一日だった？』と優しくたずねました。しかし、妻は答えてくれなかった。その後、子どもにも『どんな一日だった？』とたずねましたが、子どもにも無視されたんですよ。妻は『まあ、色々よ』と言っていましたがね。しつこく聞き出して、やっと幼稚園の話が出てきたんです」

「最初は無視ですか。ちなみに奥様とは会話があまりないとおっしゃっていましたが、あなたが質問をした時、奥様はなにか言っていましたか？」

「『なによ、急に』と言っていました。普段私からはあまり話しかけないし、妻から話しかけられても私が苛立っていることが多かったから、びっくりしたのかもしれません」

「そうですか、状況がよくわかりました。まずはやはりお詫びします。私が想像していたよりもあなたのご家庭の状況は悪かったようです。奥様は**『学習性の絶望』**という状況に陥っている可能性がありますね」

「なんだって？　絶望!?」

「はい、『学習性の絶望』です。**『学習性の無気力』**ともいいます。有名な心理実験から付けられたものです。犬を使ったちょっと可哀想な実験だったのですが、犬を2つのグループに分け、第一グループの犬たちには拘束した状態で電気ショックを与え、自力では電気ショックを止める術がないような経験をさせます。第二グループの犬たちは足でパネルを押すと電気ショックを終了できる状況に置きます。この後、両方のグループに予告信号が鳴ったら壁を飛びこせば電気ショックを回避できるという新しい学習をさせました。その結果、どうなったと思いますか？」

「そりゃあ、2つのグループとも電気ショックは嫌だから、回避したのではないですか？」

「それがそうはいかなかったんです。前段階において電気ショックを回避できなかった第一グループの犬たちは、電気ショックを免れる方法を学べなかったんです。**逃れることができない刺激を与えられ続けると、新しい学習をしようという動機づけの低下が起こり、新しい課題により対処できるという理解を阻害し、慢性的な不安と無気力という症状が現れる**ということがわかったのです。恐るべきことにこれは人間にも確認されているのです」

「じゃあ、私が家で妻とまともにコミュニケーションをとってこなかったから、妻や子が私との会話に対して無気力になっているということですか？　うちの妻や子どもも『学習性

の絶望』に陥っていると?」

「程度の違いはありますが、その可能性は高いです。これは家庭だけでなく職場でもよく見られます。対会社、対上司に学習性の絶望が起こるということですね。でも、安心してください。そこから抜け出す方法もお伝えしますから」

「抜け出すこともできるのですか?」

「もちろんです。ポイントは**信頼関係の回復**です。奥様と改めて信頼関係を築く上でとても重要なことを言いますね。今の状況を抜け出すために、これから伝える3つのことを強く意識し、継続して実践してください。その3つのこととは『**①傾聴の継続実施**』『**②ポジティブフィードバック**』『**③進取《しんしゅ》果敢《かかん》な対応**』です。『①傾聴の継続実施』は昨日お伝えした言動を変わらずチャレンジし続けてください。昨日お伝えしたことは覚えていますか?」

「もちろんです。心で相手の話を聴く、相手の話を絶対に否定しない。それから、体でも相手の話を聴く。体の向きを相手に向ける、目を見る、うなずく、相槌を打つ、相手の話を要約する、繰り返す、というようなことをするのですよね。相槌、バックトラッキングというものの重要性も教わりましたし、聴くと話すの割合は、8

割は聴く姿勢でということも教えてもらいました」

「おぉ！　ちらっと言ったことまで完璧に覚えているなんて、さすがです。相槌、バックトラッキングも本当に大事ですからね。コンピューターを使ったある実験では、相手からのリアクションを0・3秒遅らせただけで違和感を覚え、話し方がぎこちなくなるという結果があるほどです。ぜひ傾聴は集中して取り組んでください」

(「さすがです」とか言われてもなあ)

「これも昨日お伝えしましたが、すぐに結果が出なくても継続することが大事です。人間には返報性が働きますからね。信頼関係を構築していく上で非常に大事になる考え方として、**『過去と相手は変えられないが、未来と自分は変えられる』**というものがあります。奥様を変えるという意識ではなく、自分自身を変える必要がある、自分が変わらなければならないと日々強く意識して向き合い続けてください」

「わかりましたよ。引き続き傾聴に取り組んでいきます」

「行動分析学」にもとづき、即時、遅くても60秒以内にフィードバックを行う

「2つめの**『ポジティブフィードバック』**についてです。火曜日に自分がポジティブになる

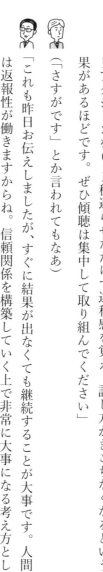

という話をしましたが、**相手もポジティブになるように会話を行う、アドバイスを行う**ということです。具体的には、傾聴で相手から会話を引き出すことができた際に、どのように返答をするかという話です。

ちなみに相手に対してなにかアドバイスをしたり反応するのはどのようなタイミングで行うのが適切だと思いますか？」

「アドバイスや反応ですか。どうだろうな。

昔、仕事でミスした時に、嫌な上司から何週間もぐちぐちと言われ続けて本当に腹が立ったことがあります。その経験から言うと、アドバイスはすぐに行って、後はぐちぐち言わないのがいいのではないですか？」

「なるほど。嫌な思い出があるのですね」

（思いっきり傾聴してきたな）「それで正解はどうなんですか？」

「実は大正解です。即時フィードバックが適切です。『**行動分析学**』って知っていますか？」

「いえ、初耳です」

「もしかするとビジネスパーソンにとっては聞き慣れない言葉かもしれません。『行動分析学』とは心理学の一体系になります。私は教員免許を取得する過程で習ったので、学校の

先生を目指している方だと勉強したことがあるかもしれません。**人間や動物がなぜそのような行動をとるのかを研究し、行動に関する法則を見出そうという学問**です。行動分析学で言われている原理として、**行動の真の原因は行動の直後にある**というものがあります」

（この人、教員免許も持っているのか……）

「行動分析学の創始者スキナーは数多くの実験を行い、様々な発見をしていますが、重要なことの1つは今お伝えした、行動の真の原因は行動の直後にある、つまり**行動は行動直後の結果によって制御される**というものになります。数多くの実験を通して、特に行動の頻度に着目し、**その行動が今後も繰り返されるか、それともしなくなってしまうかは、その行動をした直後になにが起こるかで決まってくる**と結論づけたのですね。

この『**直後**』**とは、まさに終わってすぐであるほど効果的**であると言われています。ですので、アドバイスはすぐに行う、というのは大正解です」

「なるほど」

「また『**60秒ルール**』というものもあります」

「60秒ルール？　月曜に習った怒りのコントロールは6秒でしたよね。今度は60秒ですか」

「素晴らしい！　6秒ルールもしっかりと押さえていますね。そうなんです、今度は60秒です。

これは**即時のフィードバックができない時も、60秒以内には実施しましょう**という話です。行動分析学によれば、**60秒以内に起こらないフィードバック・結果はほとんど意味がない**と考えられています。ですから、仕事で考えれば、給料や昇進・自己実現はなにか行動をして60秒以内に結果が返ってくるわけではないので、人々が仕事をすることを動機づけるような直接の原因にはなり得ないということになります。

面白いですよね。あくまで即時、遅くても60秒以内というのが1つのルールになっているわけです」

「遅くても60秒以内ですか」

「はい。それともう1つ有名な話をお伝えします。ポジティブフィードバックとネガティブフィードバックの割合に関するお話です。例えば、ポジティブフィードバックとネガティブフィードバック、何対何くらいの割合で行うのが適切だと思いますか？」

「うーん、検討がつきませんねえ。普段は1対1くらいで行っている気がしますけど……。いや待てよ。部下に対してはかなり厳しいのでネガティブが6で、ポジティブが1くらいですかね」

「なるほど。ネガティブフィードバックのほうが多いのですね？」

「そりゃそうでしょう。時には感情でフィードバックをしてしまうこともありますが、厳しいフィードバックや指摘をするのも、部下に成長してもらいたいと思っているからこそなんです」

「気持ちはよくわかりますよ。それでは、ポジティブフィードバックとネガティブフィードバックの割合の正解をお伝えしますね。ここでは『**ロサダライン**』という有名な法則をお伝えします。これはロサダ氏の有名な研究なのですが、**ポジティブな相互作用とネガティブな相互作用の比率が最低でも2・9013対1でなければならない**というものです。要するに、**ポジティブ3に対してネガティブ1**ということです。

1つのネガティブな意見や経験・表現の悪影響を打ち消すのに3倍の量のポジティブな意見や経験・表現が必要だということになります」

「えっ？　ポジティブが3に対して、ネガティブが1……」

「ポジティブとネガティブの割合がこれを下回ると一気に仕事ぶりが落ち込んでしまいます。このラインを上回る比率であれば、チームは能力を最大限に発揮するということもわかっています。

ちなみに、調査結果によれば**理想の割合は『ポジティブ6対ネガティブ1』**だそうです。

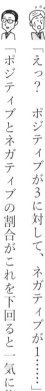

3対1は最低限の数字なのですね。このロサダラインを意識した結果、業績が40％も回復したという事例もあるのです。これはビジネスパーソンとかチームに限ったことではなく、すべてのコミュニケーションにおいて有効だと私も感じています」

(なんてことだ。俺の割合はポジティブ1に対してネガティブが6だったから、まったく逆だったんだ。能力を最大限に発揮できない状況だったんだな……)

「**褒める時はその人の長所をしっかりと認識して褒めてあげることが大事**です。部下の長所を頻繁に評価して励ますだけでも、それをやらないチームより業績が31％も上回ったというデータもあるくらいです。

そもそも**ポジティブ心理学**という分野で、**自分の得意な分野のスキルを使う時に幸福感が湧き出る**という研究もあります。相手の長所をしっかりと認識し、そこを褒める、励ますということはとても大事なことなのです」

「へえ、初めて聞くことばかりでした。知らないことがいっぱいあるものですね。ロサダラインから考えると、私のフィードバックは厳しすぎたかもしれませんね」

「そうですね。でも、部下をよくしようという想いを強く持っているのは素晴らしいことですから、その想いは変えずに、せっかくの機会ですし、手法を少し変えてみませんか？　結

局は試してみないとわかりませんから」

「部下に能力を発揮してもらうためにもチャレンジしてみる価値はありそうですね」

「せっかくの機会ですから、たくさん学んでたくさんチャレンジしてみましょう。
ということで、傾聴で相手の言葉や感情を引き出したら、すぐにポジティブにフィードバックを行おうというのが信頼をつくるうえで大事な2つめの要素でした。
ちなみに傾聴のうなずきやバックトラッキングもポジティブフィードバックの1つになり得ます。だからすごく大事なんです」

「わかりました」

日頃の感謝を思い出すことが「ポジティブフィードバック」の秘訣

「では、これからポジティブフィードバックのより具体的な手法をお伝えします。ポイントは『GOOD・BAD・NEXT』です。これは意味わかりますよね？」

「GOOD・BAD・NEXT？　そりゃわかりますよ。今、毎日振り返りの時に実施している手法じゃないですか。
もしかして、GOODを3つ以上行い、その上でBADを1つ行う、ということで相手とポジティブな関係を築きながらフィードバックを行うということですか？」

「お察しのとおりです！　あなたは本当に素晴らしいですね。

では、例えば奥様があなたの依頼で、なにかの資料を役所へ届け出るということを忘れてしまったとします。その時にフィードバックを行うとしたらどのように行いますか？」

「そうですね、多分今までだったら『なんで忘れるんだ!?　専業主婦でいつも家にいて時間があるのに、忘れるなんてありえない。まったく、次からはどうすれば忘れないようにできるのか、教えてほしいもんだ』という感じですね。

今言っていて気づいたのですが、これだとBAD・BAD・NEXTですね。ポジティブな要素がどこにもない」

「そうですね。それではGOODを探して、必ずGOODを3つ入れるように話してみましょうか」

「なかなか難しいですねえ。うーん、絞り出すとこんな感じでしょうか。ちょっと恥ずかしくもありますが……。

『いつも子どもの世話や家のことをしっかりやってくれていて感謝しているよ。君のおかげで本当に俺は仕事がしっかりできているよ。ありがとう。でも、この前頼んだことを忘れてしまったのはすごく困るんだ。こういうことが今後起きないようにできないかな？』」

「いいですね！　そうやってよく考えれば、なにかしら思いつくものです。フィードバックをGOODから入るのとBADから入るのとでは、聞き手もその後の言葉を受け入れる体制が変わりますし、フィードバックする方も今までと少し感じが異なりませんか？」

「たしかにGOODから入ると、フィードバックする方も少し優しくなれる気がしました。ちょっと恥ずかしさもありますが、今後はこのように考えてフィードバックをする必要があるということですね」

「はい、ぜひお願いします。今のことが主なテーマになりますが、それ以外にもポジティブフィードバックのポイントを3つお伝えしましょう。これもやはり今まで一緒に学んできたことと類似点がありますよ」

「はい」

「まず1つめのポイントです。**ネガティブフィードバックをしたくなった時は、相手への日頃の感謝を思い返しましょう。**そうすればGOODがたくさん出てきます。また、**相手の意見に対して情熱的な支持の表明をすること**も大事です。情熱的な支持とは、例えば『君が頑張っていたことが報われて僕も本当にうれしいよ！』とか『誰よりも僕が君の行動を応援しているよ！』といった投げかけですね。

感情は伝染すると言われています。初対面の3人を会わせると、最も感情表現豊かな人の気分は、わずか2分で他の2人に伝わるという実験結果もあるほどです。ですので、あなたは常にポジティブでいて、ポジティブフィードバックを心がける必要があるということです」

「なるほど」

「2つめのポイントは、**言い切る言葉や語尾が強い言葉は、自己中心的に思われる可能性があるので、できるだけ避ける**ということです。

『絶対○○だ！』とか『間違いなく○○！』という言葉ではなく、『あくまで私が思うところで言うと』とか『私が理解している範囲で答えると』といった言い方に変えましょう。

（俺は『絶対に○○だ！』と言うことが多いような気がするな。気をつけないと……）

「3つめのポイントは、**すべての人間関係の基本はまず自分から与えること、そして与え続けることにある**ということです。損得勘定を考えずにポジティブフィードバックを行いましょう。損得勘定をするようになったら人間関係は終わりです。

以上がポジティブフィードバックのポイントとなります。ぜひこちらも意識してみてください」

「感謝を示したり、ポジティブでいることが大切なのですね。それから、言い切る言葉や語

尾が強い言葉は避ける、損得勘定を考えずにポジティブフィードバックを行う……。どれも意識改革が必要かもしれません」

「そうですね、まずは意識をすることから始めてみてください。

ポジティブ心理学では**感謝の気持ちを表すことで感謝した側が幸福になる**という研究もあるほどです。感謝は心がけ次第で簡単にできますので常に意識して、思いついたらぜひ言葉に発して相手に伝えましょう」

（心がけ次第か。とはいえ、その心がけが大変なんだがな）

「それでは流れで3つめの信頼関係構築のポイントである**進取果敢な対応**に関しても説明しますね。

『進取果敢』とは『論語』で語られていることですが、**自ら積極的に進み、思い切ってことを行うさま**をいいます。これからも傾聴を継続し、奥様の言葉だけでなく言葉の裏にある感情まで聴き取ったうえで、奥様が実施してほしいと思っていることを自ら積極的に行ってください」

「進取果敢……。要するに積極的にということですね」

「はい。積極的に取り組むにあたって女性心理を理解することが大事だと思います。ある研究によれば、女性は男性の採点をする時、贈り物の大小にかかわらず1つのことは1点として評価する、しかし男性は大きなことをして挽回しようとする、なんて言われていたりします。日々、奥様の気持ちを考えながら、コツコツと小さなことでも積極的に行うことが大事ということですね」

「なるほど。どれも大切な気がしますし、自分ができていないことだと思いました。今日から意識してみようと思います。

ところで、質問があるのですが、こんな時はどうしたらいいのか教えてもらえますか」

「はい、どんなことでしょうか」

「子どもの話になった時、明らかに妻の対応がおかしいと思うことがあったのです。具体的にお伝えすると子ども同士のたわいもない、いざこざの話です。

うちの娘が幼稚園で友だちに叩かれたらしいのですが、娘は先生にも言えずに我慢して終わってしまった。それを妻は『よく我慢したね』と褒めていたのですが、私にはそれが正しい対処だとは思えませんでした。先生に報告したり、もしくはやり返すよう促すべきだったと思うのです。そうしないと、これからいじめなどのターゲットになってしまうかもしれませんから。

今までなら妻に対して『それは対応がおかしいぞ。なにをやっているんだ！』と注意していたのですが、今回はぐっと我慢したのですね。我慢したほうが会話がうまくいくと思ったからなんですが。

こういうふうに自分の考えとパートナーの考えが異なる時、どのように対応するのがよいのでしょうか。いつも我慢するわけにいかないですよね？」

「いい質問ですね。これは幼稚園の話でケンカになったというものですよね。その答えは先ほどお伝えしたポジティブフィードバックの中にあると思います。

今回あなたは我慢されたということですが、もしも我慢せずにフィードバックを行っていたら、せっかく奥様はあなたに話をしたのに、ダメ出しをされるという状況になりますよね。これについてどう思いますか？　少し考えてみませんか？」

「たしかに自分が我慢せずにフィードバックしていたら、ポジティブフィードバックではなく、BAD・BAD・NEXTになっていたかもしれませんね。しかも受容ができていない、そして傾聴もできていなかったかもしれません」

「ご自身で気づかれて、素晴らしいですね。まったくそのとおりです。まず受け入れができていないですし、BADから入っています。その後あなたがフォローしたとしても、奥様はどんな気持ちになりますかね？」

「フォローを受け入れられないでしょうね。『もう話したくない！』と考えると思いますよ」

「ですよね。なので指摘をする時もＧＯＯＤ・ＢＡＤ・ＮＥＸＴで行ってほしいと思います。我慢するのではなく、ポジティブにフィードバックするというのが大切です。今回でしたらどのように伝えるべきでしたかね」


「うーん、そうですね。

ＧＯＯＤは『娘は本当に我慢ができてえらいよね。中には叩き返したり大ごとにする子もいるだろうに、我慢する力、忍耐力が育っているんだな』。

ＢＡＤは『でも、今後も叩かれたりすることが続いたら大丈夫かな。いじめに繋がったりしないかな。そこがすごく心配なんだ』。

ＮＥＸＴは『だから次そういうことが起こったら先生にしっかり娘から報告できるように教育しないか？』。

こんな感じならどうですかね？」


「ちゃんとポジティブフィードバックになっていますね。その調子で今後もお願いします。

ところで、話を少し戻しますが、今回奥様が怒ってしまった原因として、男性特有の勘違いがあった気もします。そちらも気をつけてほしいと思います」


「男性特有の勘違い？　なんですか、それは」

「女性と男性で考え方が違うという研究は色々なところでされています。その中の１つで、

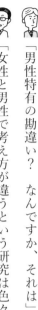

対話に関するこんなものがあります。女性は感情移入を望んでいる、じっくりと話を聴いてもらったり優しく慰めてもらいたいだけ。しかし、男性は具体的な解決策を欲しがっていると勘違いして、いらないアドバイスをすぐに与え始める、というものです。

そのすれ違いが起きている時に女性から発せられる言葉として『あなたは私の言うことをちっとも聞いてくれない』とか『あなたは他のことに集中していて、私の話なんか聞いていないのね』とか『あなたは論理的なだけで情がない』といった言葉が出ることがよくあるそうです。

もちろん人によると思いますが、今回はいかがでした。そのような言葉はありませんでしたか？」

「図星です。幼稚園の話の時に、あなたは私の言うことを全然聞いてくれない、と冷たく突き放されてしまいましたよ。

なるほどね、男性・女性の考え方の違いは、わが家の場合にも当てはまっている気がします。妻の特徴も考えながら、進取果敢の姿勢を持ちながら、まずはアドバイスを行うのではなく、聴くに徹することにします」

「なんだかやけに素直ですね」

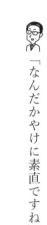

（また余計なひと言を……）

「昨日お伝えした、聴くと話すの割合が8対2というのは、こんな場面で特に重要になるので、ぜひ実践をお願いしますね」

「わかりました」

心を認知、関心、肯定、称賛の水で満たすほど幸福になるという「バケツ理論」

「本日の内容に入ろうと思ったのですが、振り返りでかなり新しい内容をお伝えしましたし、時間もなくなってきたので、今日は1つだけ大事なことをお伝えして終わりにしたいと思います。

コミュニケーションの中で大切な理論として、**『バケツ理論』**というものがあります。バケツ理論はポジティブフィードバックの一種だと思っていただければいいです」

「バケツ理論ですか。なんですか、その理論は？」

「心理学者のドン・クリフトン氏が提唱している理論です。**人間は大きな空のバケツを心に抱えている。そして、そのバケツに『認知』『関心』『肯定』『称賛』の4種類の水を溜めたいと考えている。バケツに水が溜まるほど人は幸せになり、水が減るほど人は不幸にな**

る。そして、誰かのバケツに水を注げば自分のバケツにも水が溜まる——そんな内容の理論になります」

「心の中のバケツに『認知』『関心』『肯定』『称賛』を溜めるんですね」

「はい。おわかりかもしれませんが具体的に言うと、**認知は『人に声をかけること』、関心は『人に興味を持つこと』、肯定は『人の考え方を認めること』、称賛は『人を褒めること』**です。どれも簡単そうに見えてとても難しいのですね。

例えば認知について言うと、一番身近な認知行動は挨拶です。高級ホテルの社長から聞いた話なのですが、一流ホテルと二流ホテルを分かつ挨拶はなんだと思いますか？」

「うーん、なんですかね。**目を見て挨拶をする**……とか？」

「それも正解です。しかし、さらにあるのです。それは、**挨拶の前に名前をつける**ということです。これは非常に重要なことです。名前をつけた挨拶は、**認知＋目の前の相手の存在を承認する**という高等テクニックであるとも言えるのです。

私は家庭で、妻や子どもに対して名前をつけて挨拶をするだけでなく、夜寝る前と朝起きた時に『大好きだよ』と言ってハグをするようにしています。これは本当に効果絶大な存在の承認ですよ。言葉にして伝えないと絶対に伝わらないですし、伝わらなかったら思っていないのと同じですからね」

「すごいな。挨拶もそんなに深掘りできたのですね」

「あなたは奥様とコミュニケーションがないと言っていましたが、ご飯をつくってもらったりはしていないですか？」

「妻は専業主婦なので、毎日つくってもらっていますよ。それがなにか？」

「つくってもらった時にどんな反応をしていますか？」

「いや、ふつーに食べてますけど」

「ふつーとは？」

「えっ？　ふつーはふつーですよ」

「いやいや、ふつーはまずいです。どんな言葉を投げかけていますか？
有名な話で伊達政宗は『朝夕の食事うまからずともほめて食うべし』という言葉を残しています。食事が美味しいと思えなくても『うまいうまい』と言って食べればつくった人間も気分がいいし自分の気持ちも健やかになる、ということです。相手目線を持っていたことが非常によくわかります。
東北の覇者、伊達政宗でさえうまいうまいと言って食べているのに、あなたはなにも言わ

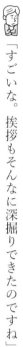

ずに食べているのですか？　奥様の気持ち、考えていますか？」

「そんな話があるんですか。わかりましたよ、私も気をつけます」

感謝や称賛を「アイメッセージ」で伝える

「そうそう、その意気です。感謝しながらポジティブフィードバックを行い、奥様とも改めて良好な関係をつくっていきましょう。しっかり存在まで認知して関心を持って肯定、称賛をしましょうね」

「はい、とにかく気をつけます」

「補足すると、称賛する時は、主語を私にした**アイメッセージ**が有効です。アイメッセージで褒めると相手に真意が伝わりやすくなりますし、相手も否定しづらくなるんですよ。
例えば部下を褒める時なら『○○さんは聞き上手ですね』ではなく、『○○さんにはつい色々と話してしまうよ。とても聞き上手だね。ありがとう』と、**『私』を主語にしたメッセージを入れる**感じですね。
奥様が掃除をしてくれた時なら『掃除してくれてありがとう。家が綺麗になったね』よりも、『掃除してくれてありがとう。きれいな家の中で気持ちよく過ごせて、私は幸せ者だ

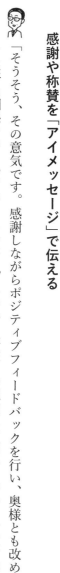

よ』と言うほうが、より想いが伝わるような気がしませんか？

こんなふうにアイメッセージも意識して、ポジティブフィードバックをたくさん行っていきましょう」

「なるほど。それは言われたほうもうれしいでしょうね」

「そう考えられるようになったなんて、短期間でものすごく進歩していますよ。
それでは今日の課題です。今日は次の3つの実践をお願いします。1つめは傾聴の継続、2つめはポジティブフィードバックの実践、そして3つめはバケツ理論の認知行動の実践です。また明日状況を教えてくださいね。それでは今日もおつかれさまでした」

「不安もありますが、やってみます。今日もありがとうございました」

本日の振り返り

■学習性の絶望が起きている時には、まず信頼関係の回復・構築を行うことを意識する。
■信頼関係構築のためには、①傾聴の継続実施、②ポジティブフィードバック、③進取果敢な対応を行うことを意識する。
■フィードバックを行う際は、GOOD・BAD・NEXT、ロサダライン（ポジティブとネガティブの割合は3対1）、アイメッセージを意識してポジティブに行う。
■フィードバックは可能な限りすぐに行う。遅くても60秒以内に行うことを意識する。
■会話において言い切る言葉や語尾が強い言葉はなるべく避ける。
■ポジティブ心理学では感謝の気持ちを表すことで感謝した側が幸福になるという研究がある。
■信頼関係を築くコミュニケーション理論としてバケツ理論を活用する。
■バケツ理論の認知行動は相手の名前をつけた挨拶、相手を承認する言葉を加えて行うと有効。
■コミュニケーションは相手の立場に立つことであると理解し、異性に対しては異性特有の考え方も意識して会話を行う。

Chapter 5
土台を築く・伝達
～適切に伝える～

5日目の金曜日、
「PREP法」「ゴールデンサークル理論」
「REPT法」
「アンコンシャスバイアス」を学ぶ

週末ということで若干の慌ただしさがある金曜日。

今まではその慌ただしさの中心にいて荒れ狂っていた彼の心はいつもの週末よりも安定していた。

昨日の怒りからは打って変わって落ち着きを取り戻し、不思議な感情を抱いていた。

昨日のヒューマンコンサルタントの直球の謝罪には少し面を食らっていた。

コンサルタントが自分の非を認めることをあまり見たことがなかったからだ。「ヒューマン」という言葉がついているので寄り添い方や考え方が普通のコンサルタントと違うのだな、などと思いながら、気持ちよくお詫びをされ少し気を許してしまったところがあったようだ。

そしてヒューマンコンサルタントへの怒りや失望は、自身の今までの、家庭での行動の反省へと大きく変わっていった。

今まで自分は家庭でなにをしていたのだろうか。「学習性の絶望」という言葉からもわかるように、妻へどれだけ絶望感を与えていたのだろうか。

これらの反省が脳裏をかすめていた。

またコンサルティングを通して、今まで考えてもみなかったコミュニケーションの仕方や理論を次々と学び、自身が今までいた世界の狭さを感じていた。

それは視界が開けていくような感覚であった。

このような感覚を得たのは、昨日帰宅後、学んだことを意識して妻と向き合い会話をした結果、大きな変化が表れたからであった。

昨日は怒りから自身の今までの行動への反省が生まれ、それが希望へと繋がっていくという非常に特殊な一日を体験した。

ヒューマンコンサルタントへの怒りや失望は自分の今までの行動への反省に変わり、反省は新たな希望を孕《はら》んでいたのであった。

（一昨日の夜は正直うまくいかなかった妻との会話だが、教わった『傾聴』や『ポジティブフィードバック』『バケツ理論』を帰宅後に家で実践してみたところ、なんと1時間以上妻と話をすることができた。こんなにじっくり妻と話をしたのは久しぶりだし、なにより妻が喜んでいたのが伝わってきて、うれしかった。

昨日の夜も妻は最初のうちは警戒していたが、俺の真剣さが伝わったのか、徐々に警戒は薄れていった。まだ俺に絶望していたわけではなかったようだ。

傾聴をし、時に質問し、時にポジティブフィードバックを行うことで、これほど会話が広がるとは思いもよらなかった……。

今まで自分の態度が悪かったせいで、『返報性の法則』として妻からも負の感情が返ってきて、家庭内で会話がなくなっていたのだなと少し納得した。

ヒューマンコンサルタントには、いいことを教えてもらっているような気がする……）

イライラを鎮めるために、色々な方法を試してみよう

「こんばんは。今日で5日目ですね。今週は今日が最後です。月曜からよく頑張ってきましたね。週の最後の1日として最終日も最後まで一緒に頑張りましょう。

それでは、いつもどおり振り返りパートからいきます。昨日の実践課題である、傾聴の継

続とポジティブフィードバックの実践、バケツ理論の認知行動の実践はいかがでしたか？」

「いやー、驚きました。昨夜はなんと妻と1時間も話をしましたよ。妻は朝も機嫌がよかったですし、少し今までの自分の態度を反省しました」

「少し心配していたのですが、それを聞いて私も安心しました。昨日お話をうかがって、学習性の絶望から抜け出すのにもう少し時間がかかるかもしれないと思っていたのですが、思ったより早く抜け出せたようですね。本当によかったです」

「ありがとうございます。私も安心しました。昨日、学習性の絶望の話を聞いた時、実は少し焦っていたんです。手遅れでなくて本当によかった」

「焦らせてしまったようですみません。ただ、奥様と長く会話できたのは本当によかったです。真摯に取り組んでもらいありがとうございます。
そこまで話ができたということは、水曜・木曜にお伝えした傾聴や質問術以外にも月曜・火曜にお伝えしたマインドフルネスやポジティブセルフトークなどの実践課題も継続して実施してくれているのですね？」

「もちろんです。こう見えて私、根は真面目なんです。月曜の夜から、毎日、真面目にしっかりと実践していますよ。

特に家に帰ってからの気持ちの切り替えはかなり意識しています。帰りの電車の中で継続してマインドフルネスをしていますし、ポジティブセルフトークも日々実践しています。これらの効果は絶大ですね。おかげ様でスッキリとした気持ちで帰宅できています。職場の部下からも課長がなんか変わったとか、柔らかくなったというフィードバックを少しずつですがもらい始めています」

「それはなによりです」

「月曜に教えてもらった、上に立つためにはまずは自分を修め家庭も整える必要がある、という修身斉家治国平天下というのは本当にそのとおりだったと腹落ちしましたよ。
正直に言うと、最初のうちは、幹部を目指したいから実践してみようか、くらいの気持ちだったんです。でも今は、習ったことを試してどんな変化があるのか確認したくて実践しているというのが本音です。このコンサルティングを通じて、人間としてすごく成長している気がします」

「5日目にしてかなり変わってきていると私も感じています。昨日の振り返りでご家庭での話を聞いた時はどうなることかと思いましたが、壁を乗り越え、さらに成長してくれているのですね。とてもうれしいです」

「お、アイメッセージですね」

「気がつきましたか」

「ところで、課題の実践を報告する前に、1つ質問をさせてください。あまりにもイライラしている時はどうしたらよいですか？　私は少し短気なところもあり、時々制御できないくらいカッカしてしまうことがあるんです。そのような状態で家に帰宅することが月に何回もあり、それも妻との関係を悪化させていたのではないかと気づいたんです。ここを改善しないと、また妻を絶望させてしまうのではないかと心配になってしまいました」

「いい質問ですね。『**動中の工夫は静中に勝ること百千億倍す**』という禅の言葉があります。静中、つまりマインドフルネスの呼吸法を行うことも大事ですが、動中、つまり、**普段の生活を行っている時にいかに目の前のことに意識を集中させるかが大事**ですね。今後も目の前のことだけに集中して取り組む、という意識を高めつつ、マインドフルネスを実践していけば情緒もさらに安定していくと思います」

「それはそうなんでしょうけれど。どうもそれだけでは心配だなあ」

「では、私自身がどうしてもカッカしてしまった時に実施していることをお伝えしますね。①意識を飛ばすために漫画を読む、映画を観る、博物館へ行く、②ストレス解消フードを食べる、③ダイニングに鏡を置く、家の中に鏡を多めに置く、④ジムに行って体を動かす、

ウォーキングをする。あくまで参考にですが、こんなことを実践しています」

「なるほど、マインドフルネスだけに頼らず、普段の生活や仕事をしている時から目の前のことに集中して、情緒を安定させるように意識を保つのが大事ということですね。それにしても、漫画やストレス解消フードですって？　もしかして一昨日言ってた、発売を楽しみに仕事をポジティブに行っているっていう週刊誌は漫画なんですか？」

「そうなんです。特に私としては少年漫画がおすすめです。あまりにも日常の世界とかけ離れているので、意識が一気に飛ぶんですよ。私は少年漫画を読んでいると、怒りも含めて日常を忘れることができるんです。ビジネス書や歴史小説等ももちろん読みますが、少年漫画の世界観は独特です。時に勇気をもらえることさえありますからね。本当におすすめですし毎週の楽しみです。これがあるから仕事を頑張れると言っても過言ではありません」

（この人、少年漫画、好きすぎるだろ）

「ストレス解消フードについては、私はイライラした時に食べに行く店、食べる料理を決めています。そこへ行っておいしいものを食べて、意識的に気持ちを切り替えるようにしているんです。あくまで自分に合うものを探してみてくださいね」

「なるほどね。どんな食事やお店が自分に向いているか、考えてみます」

「それから、ダイニングに鏡を置いたり、家の中に鏡を多めに置いたりすることも情緒を安定させるのに効果があります。これについても色々な研究があるのですが、ある大学の心理学部の実験では、**人は鏡を見ることで視覚的に自分の感情を確認することができる**と結果が出ています。また別の研究によると、相手の顔が見えないコールセンターなどの業務の場合、机の上などに鏡を置いて鏡の中の自分を見ながら顧客と応対すると仕事がスムーズに進みトラブルも少ないという報告がなされています」

「鏡で表情を見る機会を増やすことで、自分自身の感情に気づけるからでしょうか？」

「そのとおりです。これらの研究から言えることは、**鏡を置くことで自分の感情に気づき、適切に対応しやすくなる**ということです。ですので、もし職場でイライラして帰宅しても、ダイニングや家の中に置いた鏡を覗き込むことにより、自分のイライラに気づき、怒りの抑制など適切な対応がしやすくなる、ということですね。
あなたはマインドフルネスやポジティブセルフトークを習得しつつあるので、効果はなおさら高いはずです。おすすめですよ」

「ふーん。今日の帰りに鏡をいくつか買って帰ろうかな」

「それ以外にも、ジムに行ったりウォーキングをしたりして、体を動かし、汗をかいたりするのもおすすめしています。**運動を行うと意識が外に向きますし、『幸せホルモン』といわ**

れるセロトニンが分泌されます。セロトニンは情緒を安定させるのに有効です。

もし休日までイライラを引きずってしまうようなら、ハイキングに行ったりして自然に触れるのもいいですよ。雄大な自然に触れると、目の前の悩みがちっぽけだったなと思うこともありますからね」

「すごいですね。色々と情緒を安定させるテクニックがあるんですね」

「はい。それだけ感情を抑えるのに人間が苦労しているということですね。みんな悩んでいるんです」

「なるほど、みんな苦労しているんだと思ったら、なんだか少し勇気が湧いてきました。
それでは昨日の課題、①傾聴の継続、②ポジティブフィードバックの実践、③バケツ理論の認知行動の実践について、『GOOD・BAD・NEXT』で報告しますね。
一番の『GOOD』は妻と1時間も話せたということですね。妻は少し警戒しているようでしたが、傾聴を実践して2日目ということもあり、昨晩は私に向き合ってくれた気がします。うまく会話が続いたのは8対2でしっかりと聴くことができたというのも大きいですね。また、妻から聴いた内容にうなずいたり、バックトラッキングができたのもよかったと思います。もちろんポジティブフィードバックもできました。昨晩は子どもの習い事の話になったのですが、まずはアドバイスせずにただ傾聴しました。妻から意見を聞かれてからポジティブにフィードバックを開始したのがよかったのかもしれません」

「ありがとうございます。素晴らしいですね。まずは1時間話せたということがすごい進歩ですよ。会話を続けるだけでも難しいですからね。傾聴、ポジティブフィードバックという流れがよかったのだと思います。さすがですね」

「次に『BAD』のご報告です。傾聴やポジティブフィードバックはうまくいったのですが、バケツ理論の認知行動についてはうまくいきませんでした。子どもが寝る前と朝起きてから、子どもの名前を言いつつ『今日もありがとう』とか『おやすみ』を含めて、できるだけ愛情を伝えたつもりなのですが、ちょっと引かれてしまったようです。急に優しくしたので違和感があったのかもしれません。妻からは完全に引かれましたね」

「そうでしたか。昨日から取り組み始めたばかりですからね。でも、あなたがさっそく取り組めたことは評価できますよね」

「そうですかね。次の『NEXT』ですが、バケツ理論の認知行動をうまくいかせるために少し考えたいと思います。これは実践を続けるしかないのですかね？」

「おっしゃるとおりです。これも継続することが重要なので、ぜひ続けてください。最初は少し違和感があると思いますが、そのうち奥様やお子さんの方から寝る前や朝に『大好き』

などの愛情表現を投げかけてくれるようになると思いますので安心してください」

「やはりそうですよね。わかりました」

「この行動はお子さんの自己肯定感の向上にも繋がります。父親から毎日存在を承認されることにより、自分にさらに自信が持てるようになったり、自分の可能性を肯定的に認識できるようになるのです。お手軽ですがすごく効果がありますので、頑張って続けるようにしてください」

「認知行動にはそんなポジティブな影響もあるのですね。少し恥ずかしいですが頑張ります。ところで、バケツ理論に関して、１つ質問してもいいですか？」

「もちろんです。どうぞ」

「バケツ理論の『称賛』なのですが、どのようなことを称賛すればよいのですかね。自分では思ってもいないようなことでも称賛すべきなのでしょうか。そんなに称賛することってあるのかなと思いまして」

「いい質問ですね。私はいつも、**結果はもちろん、それだけでなく、プロセスを称賛する・褒める**よう意識してくださいと伝えています。例えば子どものテストが悪くても努力をしていたならば、その努力のプロセスを称賛しましょう。昨日料理の話をしましたが、仮に

奥様が今までつくっていない初めての料理にチャレンジしてくれて、その料理が口に合わなかったとしても、つくってくれたこと自体、チャレンジしてくれたこと自体を称賛しましょうということです。このように考えれば称賛の種は至るところにあるものです」

「なるほど。プロセスですね。意識してみます」

話題に関する相手の知識量と「アンコンシャスバイアス」を意識しながら伝える

「それでは本日の内容に入っていきましょうか。今日は3つの土台の最後のパート、『**伝達**』について学びます。いきなり質問ですが、ご家庭で奥様に対して適切な伝達ができていると思いますか？」

「伝達ですか？　なにかを伝えるということですよね。大切なことは伝えているし、最低限できてるんじゃないかと思いますけど」

「では、なにかを伝える時に意識していることを何点か挙げてもらえますか」

「意識していること？　特に意識はしていないですが。意識しないとまずいんですか」

「それは非常にまずいです。奥様に伝えたいことが伝わっていないかもしれません。伝えたいことが伝わらない、そこからすれ違いが生じることも多いんです」

「そんなもんですかね。あんまりよくわかりませんが……。それじゃあ、意識することとはなんですか？」

「よい質問ですね。伝達に必要な要素をお伝えしますので、ぜひ覚えてください。

①そもそも会話を聞くべき相手と認められる
②相手の知識レベルとアンコンシャスバイアスを意識しながら伝える
③REPT《リピート》法で伝える

この3つです」

「聞いたことがない単語もありますし、それだけではよくわかりません。もう少し詳しく教えてもらえますか」

「順を追って説明しますね。『①そもそも会話を聞くべき相手と認められる』というのは簡単です。奥様は、先週までのあなたからは話をあまり聞きたくなかったのではと思うのです。でも今週、徐々に変わってきているあなたからなら話を聞いてもよいかなと思っているということですね」

「えーと、どういうことですか？」

「要するに、**人は思いやりの心があり、傾聴をしてくれて、情緒が安定しているような人の**

話ならばしっかりと聞いてくれるのです。逆に言えば、人間としてちゃんとしている人の話でないとあまり聞いてくれないんです」

「なんか、すごく失礼なことを言われているような気がするんですけど……」

「いいえ、すごく褒めていますよ。人としてちゃんとしてきたってことなんですから、素晴らしいです」

（本当に褒めているのだろうか？）

「次に『②相手の知識レベルとアンコンシャスバイアスを意識しながら伝える』ですが、これは、**会話をする時、相手がその話題にどれくらい詳しいか意識する、また、その話題に対してどのような先入観を持っているか意識してから話をする**ということですね。先入観と言いましたが、**無意識の思い込み**、つまり『**アンコンシャスバイアス**』です。例を挙げてお伝えしたいのでお尋ねするのですが、最近、奥様に伝えたことはどんなことでしょうか」

「うーんと、再来週の土曜日にゴルフに行く話をしましたね」

「どんなふうに話したのですか？」

「普通に、『再来週の土曜日は取引先と一緒にゴルフに行くからよろしく』と言いました。『再来週の週末の天気がよさそうでよかった』とも言いましたね」

「それだけですか？」

「はい、それだけです」

「それを聞いて奥様はどう思ったと思いますか」

「どうですかね。仕事が休みの日にまでありがとうと思ったんじゃないですか？　まあ仕事だけでなく練習も含めて月1、2回はゴルフに行きますがね」

「なるほど。ありがとうございます。ちなみに奥様はゴルフをしたことはありますか？　それと、あなたからゴルフのルールや、ゴルフがどんなスポーツか、ゴルフが仕事においてどれくらい重要か、説明したことはありますか？」

「いや、妻はゴルフに行ったこともなければ、見たこともないと思います。わざわざ説明したこともありません。一度ゴルフの景品でお米をもらったことがあって、その時は喜んでいましたが、その時以外はゴルフのことを言っても、あまり反応がありません」

「それはまずいですね。奥様はもしかすると取引先とのゴルフを仕事とは思っておらず、遊びだと思っているのではないでしょうか。それに、ゴルフのことをなにも知らなければ、あなたが『天気がよさそうでよかった』などと言っても、雑音にしか聞こえていない可能性が高いです」

「雑音ですか!?」

「そうです。あなたは仕事の一環だと思っていても相手がどう思っているか、どのような先入観があるかはわかりません。理解し合うために、一度取引先とゴルフに行くことをどう思っているか、奥様に聞いてみる必要があると思います。また、お話をした相手の知識レベルがまったくないというのは、悪い先入観をつくる要因になると思います。ぜひこの週末に奥様と、ゴルフがどんなスポーツなのかを含めて話してみてください。必要に応じて、自分にとってゴルフがどれほど重要なのかもお伝えするといいでしょう」

「そこまでしないといけないんですか?」

「はい。相手の知識レベルとアンコンシャスバイアスを意識しないと、見解がすれ違ったまま物事が進んでしまいます。すれ違いから不信へと繋がるケースもありますので、ぜひ会話の場を設けていただくよう、お願いします」

「そんなもんですかね。じゃあ、ゴルフについて妻と話してみますよ」

「はい、面倒くさがらずに、ぜひお願いしますね」

結論から伝え、理由と具体例を補足し、再度結論を伝える「PREP《プレップ》法」

「さて、伝達の最後は『③REPT《リピート》法で伝える』というものでしたね。REPT法を説明する前に、**『PREP法』**という伝え方の話法は聞いたことがありますか?」

「なんとなく聞いたことがあるくらいですかね。説明はできませんが」

「PREP法は有名ですし、役に立ちますから、きちんと知っておくといいですよ。まずはこのPREP法から説明しましょう」

(有名なのか……。知らなかった)

「PはPoint、つまり結論です。RはReason、理由ですね。EはExample、つまり具体例。最後のPもPoint＝結論です。これらの頭文字をとってPREPと表現している話法です。**結論から伝えて、その結論の理由と具体例を補足し、再度結論を伝えて念押しをする**という話し方です。結論から伝えることによりわかりやすくなりますし、理由や具体例もあるので説得力が増すんですよ」

「なるほどね、たしかにわかりやすそうです」

「さっそく練習してみましょうか。先ほどお話ししてもらった奥様にゴルフの予定を伝えた内容をPREP法でまとめて、私に話してみてくれませんか」

「えーっと、Pが結論だから、『再来週の土曜日、朝からゴルフに行く』ですよね。そして、Rが理由で、『お客様と一緒に仕事の関係で行かないといけないから』。Eの具体例はなんだろう？　最後のPが結論で、改めて『再来週ゴルフに行きます』。こんな感じですかね」

「いいですね。Eの具体例のところは、もう少し詳細に考えてみましょう。例えば、それになぜ行かなければならないのかとか、行くことで仕事にどのようによい影響が出るのか、なんてことが伝えられるとよさそうです」

「なるほど。それじゃあ、Eの具体例は次のようにしましょうかね。
今、関係を強化しようとしてる取引先があって、その取引先の担当者からゴルフのお誘いを受けたんだ。ゴルフはコースを一緒に回りながら色々な話ができるから、関係を強固にするのにすごく役立つんだ。今後の取引関係を考えると、そのお誘いに参加をするのが必要だと思っている――というのはどうですかね？」

「いいと思います。より具体的に意味が伝わりますね」

「ありがとうございます。これは情報を整理するのにも役立ちますね」

人は「なぜ」を聞くことによって動く「ゴールデンサークル理論」

「PREP法はとても使いやすいので、ぜひ今後も活用してくださいね。それから今日は、私がPREP法を改良してつくった、伝達の際にぜひ奥様に対して実施してもらいたい話法もご紹介しましょう。『**REPT《リピート》法**』というものです」

「REPT法？　英語の『繰り返す』という意味のRepeat（リピート）の話法ですかね？　どんな内容ですか？」

「おっしゃるとおり、繰り返し使用してほしいという意味も込めてREPT法と名づけたんですよ。

サイモン・シネックという著名なコンサルタントによって書かれた『WHYから始めよ！ーインスパイア型リーダーはここが違う』（日本経済新聞出版発行）にて述べられている『**ゴールデンサークル理論**』も加味した話法になっています」

「ゴールデンサークル理論？　聞いたことがないので、教えてもらえますか」

「ゴールデンサークル理論とは、**人間はWHY（なぜ）を聞くことによって動く。WHAT（なに）やHOW（どのように）では動かない**という考え方です。また、偉大なリーダーはWHYから伝えている、とも言いますね」

「そうなんですか」

「はい、私は本当にそのとおりだと思うので、これを取り入れてつくった話法が『REPT法』なんです。

具体的に言いますと、最初のPを抜いて、まずはRの理由、Eの具体例から伝えます。これがゴールデンサークル理論でいう、一番大切な『WHY』の部分ですね。そして、Pの結論を伝えたらTのTalk、つまり会話、意見交換を行うという話法です。このTがない場合、不満や疑問が残って、後々まずいことになりがちです」

会話や意見交換を行うことが大切だから「REPT法」で伝達しよう

「会話や意見交換がないと不満や疑問が残るって言いましたが、そういうものなんですか？」

「はい。**会話ではダイアログ、つまり対話や意見交換をしてほしい**と思っています。間違っても**勝ち負けをつける議論、つまりディスカッションにならないように**気をつけてください。共通理解を得ることを目的として会話をするようにしましょう」

「なるほど。でも、会話をしている相手から文句を言われたらどうするんですか？　面倒じゃないですか」

「いやいや、ここで文句が出た方が、後々、不満が溜まって爆発するよりも断然いいんですよ。もし文句や不満が出たら、どうすればそれが解消されるか対話するのです」

「たしかに、そのほうがいいかもしれませんね」

「さっそく、あなたと奥様のゴルフのお話の場合で考えてみましょう。奥様から『ゴルフの日は子どもの世話が大変だ』という不満が出たらどうします？」

「えーっ。面倒くさいですね。『こっちは仕事なんだから』と言うのはまずいですか？」

「それはまずいに決まってますよ。例えば『その次の週は子どもをどこかへ連れて行くよ』とか、なにかしら不満を打ち消すことを検討して対話をしてみてください。情緒の安定や傾聴の姿勢が整いつつある今なら、すごくいい対話ができると思います。なにがあっても情緒安定ですからね。でも、色々考えているのに、なにも不満が出ないケースもありますからね」

「今までまったくしてこなかったことだから、ちょっと大変かもしれませんが、やってみますよ」

「その調子で、ぜひお願いします。ＲＥＰＴ法は相手に寄り添っている姿勢も示せますし、会話に繋がるので本当におすすめです」

「ご自身のメソッドなせいか、やけに強くおすすめしてきますね。まあ、いいですけど」

「それではＲＥＰＴ法で再来週ゴルフへ行くことを伝達する練習をしてみましょう。ＰＲＥＰ法でつくった内容を参考に、ＲＥＰＴ法で伝達する内容をつくってみてください」

「さっそくいきます。

Ｒ・理由＝今度お客様と一緒に仕事の関係でゴルフに行かないといけないんだ。

Ｅ・具体例＝今関係を強化している重要なお客様からお誘いを受けて、参加すると一日中一緒にいて色々な話もできるし関係を強固にするのにすごく役立つんだ。今後の取引関係を考えた時にも参加するのが必要だなと思っている。

Ｐ・結論＝そのお客様とのゴルフは再来週の土曜日の朝からあるんだ。

Ｔ・会話＝どうだろうか。行ってきても大丈夫かな。

こんな感じでどうでしょうか」

「すごい！　バッチリです。最初に結論を言ってしまうとその後の説明が足りなくなりがちですが、この順番にすると、色々と説明する必要が出てくるので丁寧になりますね。その調子で、ご家庭でもＲＥＰＴ法を活用してくださいね」

「ありがとうございます。たしかにかなり妻に寄り添っている感じになりますね。ただ、やはりT＝会話のところが不安になってきました。妻がこの後なんと言ってくるか心配です」

「お気持ちはわかりますよ。でも、会話ってそうやって相手のことを考えながら行うのが基本なんです。不安なところはあると思いますが、チャレンジしていきましょう」

「まあそうですよね。わかりました」

「それでは、本日学ぶべきことはすべてお伝えしました。これから課題をお伝えして終了となります。今日の課題は次のものになります。

1つめは、再来週ゴルフに行くことを奥様がどう思っているかの確認です。必要に応じて、ゴルフについても説明してくださいね。

そして2つめは、ＲＥＰＴ法で改めて奥様に伝達してください。

3つめが、今週学んだことの全体的な振り返りと実践です。

週末ですし、少しお時間があると思いますから、今週学んだことをしっかりと振り返り、実践してみてください。それでは来週またお会いできるのを楽しみにしています」

「今週は戸惑うことも多かったですが、自分の周りというか、世界が少し変わったように思えました。不安も多いですが週末の課題、やってきます。来週もよろしくお願いします」

本日の振り返り

■普段の生活や仕事をしている時から目の前のことに集中し、情緒を安定させることができるように意識する。

■どうしてもイライラしてしまう時は、様々な情緒安定テクニックを試し、自分なりの情緒を安定させる仕組みを確立しておく。

■相手を称賛する時は、結果ももちろんだが、プロセスを称賛する・褒めるということを意識する。

■バケツ理論の認知行動は継続することが大切。この活動を通して相手の自己肯定感の醸成にも繋がる。

■伝達を上手に行うためにも、以下3つを意識する。

①そもそも会話を聞くべき相手と認められる

②相手の知識レベルとアンコンシャスバイアスを意識しながら伝える

③REPT法で伝える

■REPT法のT＝Talk・会話をする部分では、勝ち負けをつけるディスカッションではなく、共通理解を得る目的のダイアログを行う。

Chapter 6

奉仕者の役割①

6日目の月曜日、
「ファミリーリーダー」
「サーバントリーダー」を学ぶ

珍しく開始30分前に会議室で待機する彼の気持ちは安定していた。

今まで無機質に感じていた会議室も意識をして見てみると、机の木の肌触りや柔らかな壁紙の色を通して温《ぬく》もりを提供してくれている。


彼は、先週自身の身に起きたことをしみじみと振り返っていた。

不思議なコンサルタントと出会い、次から次へと知らない知識や理論を伝えられ、自身の立場のこともあるのでとりあえず実践をしてみた。

うまくいかないこともあったが自分の中でなにかが変わっていくことを感じる日々、そんな体験をしていた。

その実感を強く認識したのがこの週末だった。


週末、妻との関係性は大きく変化した。

今までのギクシャクした関係からは考えられないほどスムーズに話ができるようになっていた。

その背景には、先週の様々な学びの実践があった。

情緒の安定も完璧ではないができるようになってきた。

またプロセスを褒める、WHYを伝える、REPT法で対話を行う、というのは圧倒的に足りていなかったことであると認識ができた。

結果がすべてであると信じて疑わない彼にとってまったく意識をしていなかった、というよりも意識からあえて外していたことであり、半信半疑ではあったが試してみるとたしかに相手の反応が今までとは異なることが理解できた。

今までの自分はひと言で言うと、自己中心的で周囲への説明・対話があまりにもなかったのだと気づいていた。

効率を重視してピリピリと生活する毎日、そんな中で妻とよい関係が築けるわけはなかった。それでいいと思い込んでいたが、それではまずいと気づかせてもらった気さえしていた。

このコミュニケーション方法は家庭だけでなくすべてに共通しそうだ。部下にも試す価値があるのではないか——。そんなことまで考えるようになっていた。

（今日もまたコンサルティングを受けに会議室まで来た。
先週は学んだことを実践してきて、戸惑うことも多かった。ただ、週末に改めて振り返りをしたり課題を実践して気づいたのだが、少しずつ周りが変わってきている。妻は人が変わったような私に対して驚いているが、家庭内にも変化が起きていることは間違いない。コミュニケーションの仕方が変わっただけで、こうも周りの人が変わるものなのか？ いや、変わったのは自分なのかもしれない。そうだ、きっとそうに違いない。
そう考えると、このコンサルティングは非常に有意義なのかもしれないな。
今週からは3つの役割というパートだと聞いている。どんな変化をもたらしてくれるのか、楽しみになってきたぞ）

情緒の安定と傾聴力という土台があってこそ、伝達がうまくいく

「こんばんは。週末はゆっくりできましたか。今日も始めましょう。
先週の課題、伝達の実践はできましたか？ そもそも3つの土台の最後、伝達に関して覚えていますか？」

「覚えていますよ。なにかを相手に伝えるには、①そもそも聞くべき相手と認められる必要がある、②相手の知識レベルと無意識の思い込み、先入観を意識しながら伝える、③RE

PT法で伝える、でしたね」

「しっかり覚えてくださっていてうれしいです。それでは、1つだけ確認しましょう。『無意識の思い込み』『先入観』を英語でなんといったか、覚えていますか？」

「えっと、たしか、なんとかバイアスですよね。REPT法くらいならすぐ覚えられるんですが、基本的に横文字を覚えるのが苦手なんですよね」

「バイアスまで出てくれば、もう正解とみなしていいくらいです。正解は『アンコンシャスバイアス』なんですが、まあ暗記までしなくても大丈夫です。ただ、この言葉は今後も時々出てくるので、出てきた時にパッと意味がわかるといいですね。横文字が多いのは欧米で色々な研究がされて、世界に広がって、スタンダードになっていくという背景もあるので、私も横文字のままお伝えしますが、我慢してもらえればと思います」

「そうですか。これまで学んだことも、正確な用語まで覚えていなくても、その言葉を聞けば意味はわかるくらいにはなっていると思いますから、安心してください」

「前向きなお返事をありがとうございます。では、復習がてら、先週学んだことをざっと挙

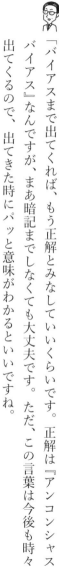

げてみましょうか。

マインドフルネス、6秒ルール、セルフトーク、ポジティブシンキング、顔面フィードバック仮説、ＧＯＯＤ・ＢＡＤ・ＮＥＸＴ、傾聴、返報性の法則、3つの質問、学習性の絶望、ポジティブフィードバック、バケツ理論、行動分析学、アイメッセージ、ＰＲＥＰ法、ゴールデンサークル理論、ＲＥＰＴ法です。

「こうして挙げてみると、ずいぶんたくさん学びましたね。すべて意識的に続けていますよ」

「意識的に続けているというのはうれしいですね。ぜひこれからもお願いしますね。
それでは、金曜日の課題、①来週ゴルフに行くことをどう思っているかの確認と、②ＲＥＰＴ法にて改めて伝達、そして、③先週学んだこととの全体的な振り返りと実践について教えてください」

「はい、『ＧＯＯＤ・ＢＡＤ・ＮＥＸＴ』でご報告します。
『ＧＯＯＤ』は、単純ですが、先週学んだことが意識できていたことです。どうしても少しイライラしてしまうこともありましたが、笑顔を意識し、マインドフルネスや6秒ルール、ポジティブシンキングなどで心を落ち着かせ、よい状態で過ごすことができました。傾聴やポジティブフィードバックも継続しました。アイメッセージを活用して妻の料理を嫌味なく褒めることもできましたしね。この週末は今までの自分では考えられないくらい、家

族とよいコミュニケーションが取れたと思います」

「素晴らしいですね」

「次に、これは『BAD』と言っていいのかわかりませんが、改めて来週ゴルフに行くことをどう思っているか確認したら、軽く話が炎上しました。

深掘りしたら妻の不満がどんどん出てきましてね。妻は、私がゴルフへ行くことは仕事ではなく、遊びや趣味だと思っていたようでした。

ただ、話が炎上している時も我慢して、傾聴に努めましたよ。その時は、あなたのことを少しだけ恨みましたけどね。

ただ、改めてゴルフに行くことが大事だということをREPT法で伝えていったら、最終的には妻との会話が円満に終わりました。

自分でもかなりよい会話ができたと思います。会話が続けられたのも、私の情緒安定力や傾聴力が高まっているからかもしれません。情緒安定力・傾聴力の土台があってこそのREPT法なのでしょうね」

「おっしゃるとおりです。続けてください」

「一応ご報告しますと、来月の週末は、私が子どもを見ている間に妻が友人と買い物に行くことが決まりました。そのせいか、妻の機嫌がよくなりましたよ。

そんなわけで、やはりなにかを伝える時には、話が炎上しないように、炎上しても落ち着いて話が続けられるように、REPT法を意識して使っていこうと思いました。これが『NEXT』ですね」

「すごい変化です！　とても素晴らしいです。あなたの土台がしっかりしてきているからこそ伝達もうまくいったんですね。学んだことをしっかり習得してくれて、そして目覚ましい成長を遂げてくれて、私もうれしい限りです。あなたは非常に優秀な方だったのですね。その調子で今週も頑張っていきましょう」

（ん？　この人、今まで俺のことをどう思ってたんだ？）

3つの土台と3つの役割を意識し、家庭での役割を果たす「ファミリーリーダー」

「それでは、本日も学びのパートに入っていきましょうか。
3つの土台である情緒安定・傾聴・伝達はお伝えし、実践してもらっていますので、今日からは『3つの役割』を学んでいきたいと思います」

「最初の日に教えてもらったのを覚えていますよ」

「すごい！　態度の悪い人だとばかり思っていましたが、記憶力はいいんですねぇ」

(時々こういうムッとするような言葉をはさんでくるんだよなあ、この人は……)

「今日はその3つの役割のうち、『奉仕者』の役割について学んでいくつもりなんですが、その前に、そもそも改めて本プログラムの全体像と3つの役割について振り返りをしておきましょうか。
初めてお会いした先週の月曜日、私は最初に『人としてより成長してもらうために3つの土台と3つの役割というフレームワークを一緒に学んでいこう』とお伝えしました。先週冒頭の時点ではあまり話す雰囲気もできていなかったのでお伝えしなかったのですが、実はこれには続きがあるんです」

「続きですか」

「はい。**3つの土台と3つの役割を意識し、懸命に家庭での役割も果たしている方**を私たちは『**ファミリーリーダー**』と呼んでいます。私たちのミッションの1つは、世の中にファミリーリーダーを増やし、ご自身もご家庭も円満にすることを通してビジネスでも成功する方を増やすということ、そして幸せに満たされた社会をつくっていくということです。今実施しているプログラムはまさに社会発展のために必要だと考え、強い想いを持って取り組んでいるのです。この話を聞いてなにか感じますか?」

「ファミリーリーダーですか。今までの話と繋がりますよね。修身斉家治国平天下の考えが

まさにそれですよね。自分を修め、家庭を整え、所属している会社や国、社会をよくしていくべきという感じでしょうか。
ＲＥＰＴ法を意識した話し方でこのプログラムの真のＷＨＹを伝えてもらった気がします。自分がよくなることが社会の発展に繋がるって、すごいポジティブでいいですね」

「おっしゃるとおりです。理解が早くて助かります。このプログラムのＷＨＹも意識して、今週も一緒に進めていければと思います。
改めて、３つの土台をしっかりと意識した上で３つの役割を演じるのがファミリーリーダーには求められます。では３つの役割と言うと……」

「奉仕者、経営者、冒険者でしたね」

「覚えていてくれたんですか？　本当にすごい記憶力だ！　そのとおりです。
その３つの役割の定義をひと言で表すと、次のようになります。
『奉仕者』は、サーバントリーダーになり安全空間をつくる。『経営者』は、家族理念・愛言葉を定め、目指す方向を決める。『冒険者』は、家族の視野を広げ、世界を繋げる」

「なるほど」

「ファミリーリーダーはこれら３つの役割のバランスを上手にとる必要があります。状況にもよりますが、私は奉仕者が50%、経営者が40%、冒険者が10%くらいの割合を意識して日々過ごすとよいとお伝えしています。

ただ世の中の結婚をしている男性には、冒険者の部分の割合が多い人も多数いますよね。自分のやりたいことや趣味を家庭よりも優先してしまう人ですね。

もちろん冒険者の役割も大切ですが、10%くらいに留める必要があると考えています」

「そう言われると、家庭を顧みず、仕事とは関係なく趣味でゴルフや釣りもしているし……。私自身も冒険者の要素が強い気がします。90%以上、冒険者でありたいくらいですね」

「やっぱりそうですよね。冒険者のところは最後に軽くお伝えします。まずは奉仕者の部分を一緒に学んでいきましょう」

奉仕することで相手のモチベーションを上げ、導く「サーバントリーダー」

「ところで『奉仕者』というと、どのようなイメージを持っていますか?」

「奉仕者ですか……? あまり使い慣れない言葉ですね。奉仕だから相手に尽くす人って感じですかね」

「いいですね。正解です。奉仕者は言葉としては公務員に関しての用語として出てくること

が多いですかね。

具体的には日本国憲法において『すべて公務員は、全体の奉仕者であって、一部の奉仕者ではない』などと書かれています。これは日本国民全体に尽くしなさいという意味なんですが、ファミリーリーダーも家庭の奉仕者であるべきだと考えています。もっと具体的に言うと『**ファミリーリーダー＝奉仕者＝安全空間をつくるサーバントリーダーである**』と定義しています」

「安全空間？　サーバントリーダー？　いくつか新しい言葉が出てきましたが、どういう意味ですか？　やはり横文字なのですね」

「横文字はすみません。用語の解説もしていくので少し我慢して、続けて聞いてください。サーバントリーダーはリーダーシップのスタイルの1つなんですよ。実は既にあなたはものすごく成長しているので、真のサーバントリーダーになりつつあるのです。今日はそこをまとめていきたいと思います」

（意味はわからないが、「真のサーバントリーダーになりつつある」なんて言われるとなんだかうれしく思えてしまうな）
「サーバントリーダーというのは初めて聞く言葉ですし、検討がつきません」

「そうですよね。改めてお伝えすると、ビジネスパーソンは職場でも家庭でも3つの土台、

3つの役割を意識したファミリーリーダーとして振る舞うべきだというのが私の持論です。その中でのリーダー像をひと言で表すと、『**安全空間をつくるサーバントリーダー**』ということになります。

サーバントリーダーとは支援型リーダーのことです。ちなみにサーバントとは『奉仕者』という意味もあるのですが、それ以外にも『使用人』とか『召使い』という意味があります」

「使用人や召使いという言葉は、リーダーとは結びつきませんし、そもそもあまりよい印象の言葉ではないのですが……」

「リーダーというとカリスマ、先頭に立つ、支配するなんていうイメージを持つかもしれませんが、私たちが目指すリーダー像はそうではありません。**相手に対して奉仕を行うことによって相手のモチベーションを上げ、導いていく形のリーダーを目指します。**それが支援型リーダー、サーバントリーダーです」

「奉仕を通して導くんですか？」

「はい。ちなみにサーバントリーダーは、元々アメリカのロバート・グリーンリーフ博士が提唱したリーダーシップのスタイルなのですが、イエス・キリストが十二使徒に対して上からではなく、奉仕者として接したことが由来のリーダーシップのスタイルとも言われています。

自分の地位にかかわらず他人を助け奉仕することから信頼関係が構築しやすく、そこから部下やメンバーなどの関係者と有益なコミュニケーションが生まれるようになるのです」

「ふーん」

「サーバントリーダーというスタイルはビジネスにおいて重視されているリーダーシップの1つの型ですが、ビジネスだけに必要なものではありません」

「たしかに、先週学んだことがこのタイプのリーダーのようなことでしたね」

「そうなんです。まさに我々が先週一緒に学んできた形そのものなんです。

会社では部下やメンバー、家庭ではパートナーやお子さんの話によく耳を傾けること、まさに傾聴を重視するのがサーバントリーダーのスタイルです。傾聴を重視するため、会話は一方通行の説明や命令になりにくいのですね。

傾聴だけでなく、大きく捉えると奉仕・支援することが部下やメンバーのモチベーションを向上させることにも繋がり、組織全体の士気も高まると考えられています」

「組織全体の士気を高める……。そんな効果があるんですか」

「はい。組織の状況にもよりますが、環境の変化や多様化が進んだ現代では、従来のような強い統率力でメンバーを率いるリーダーより、メンバーのパーソナリティを認め、寄り添

うマネジメントスタイルが求められるようになってきているんです。メンバーや部下を認め、傾聴し、寄り添う、そんな動きができるサーバントリーダーのもとにいると、メンバーや部下は幸福度が増し、組織のことを考えて自発的に動けるようになるとも言われています」

「いいことづくしですね」

「これはビジネスに限らず、家庭でも同じです。そして家庭内でも実践しようというのがサーバントリーダー＝奉仕者たれ、ということになります。私は、サーバント型のリーダーシップを発揮すればチームは安全空間で満たされるともお伝えしています」

「なるほど、アメリカから輸入されたスタイルなんですね。アメリカのビジネスパーソンも意識していると言われると、なんだか役に立ちそうな気がしてきました。サーバントリーダーというのは、これまでの自分のスタイルとは違う気がするので、もう少し詳しく聞いてみたいです。
それと、安全空間という言葉も出てきましたが、それはどういうことなんでしょうか？」

「安全空間というのは、文字どおり、誰もが安心して発言できる空間のことです。こういう空間があると、人は安心して外でチャレンジができると言われています。家庭でも職場でも、また限定的なプロジェクトなどの場であっても、この安全空間をつくれるかどうかが

物事をうまく進める鍵になると考えています。誰もが安心して発言できるためには、傾聴の姿勢を常に持ちつつ、相手の発言や存在を否定せずに接することが大切です」

「なるほど。そういう意味では今この場所も安全空間になっている気がします」

「そう言っていただけるとうれしいですね。私も安全空間を意識してあなたに接しているつもりです。安全空間については明日くわしくお伝えすることにして、今日はサーバントリーダーの説明を続けますね」

「お願いします」

精神的なサポートや問題解決の手助けもリーダーの大切な役目である

「これからサーバントリーダーの特に重要な5つの属性をお伝えしますが、いくつかの要素は先週学習したので習得しているものもあるはずです。ですから、『できている』『できていない』を意識して聞いてもらえればと思います」

「わかりました」

「その5つの属性とは、**①傾聴、②共感、③癒やし、④気づき、⑤説得**です」

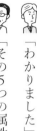

「傾聴は先週やりましたね」

「はい、『傾聴』は3つの土台の1つでもありますし、先週直接お伝えし、今まさに習得中のものなので、説明を省きますね。

2つめの『**共感**』ですが、**共感力をもって相手の気持ちやものの見方を理解したり、感情移入したりする**ということです。パートナーや部下と話をする時には、相手の立場に立って考えるということで、これもサーバントリーダーの必須要素です。

共感も、3つの土台の『傾聴』や『伝達』のところで学んだ内容と近いです。伝達のパートで、相手の知識レベルやアンコンシャスバイアスを意識して伝達するとお伝えしました。そこは既に意識していると思いますので、それを日常に広げるイメージですね」

「なるほど、この2つは大丈夫かと思います」

「それでは続けますね。3つめは『**癒やし**』です。

従来の『言うことを聞け！』というような支配型のリーダーとは大きく異なる要素ですね。支配型リーダーはパートナーや部下にプレッシャーをかけ、恐怖心から近づきがたい印象を与える場合もあるかもしれません。しかしそれでは、環境変化が激しく、なにが正解かわからない今のような時代には答えを誤ることも多くなるでしょう。

また、『**ダイバーシティ**』という言葉を聞いたことがあるかもしれませんが、今は多様な個性を認めて活かす時代です。そのような時代に支配型のリーダースタイルでやっていては、パートナーや部下は自分の力を発揮できず、そのリーダーの下から去ってしまうことも起こり得るでしょう」

「つまり、支配型のリーダーシップは時代錯誤のスタイルってことですか？」

「そのとおりです。支配型のリーダーとは逆に、相手の傷や不安を癒やし、本来の力を取り戻させるような配慮のあるサーバントリーダーには近づきやすいというメリットがあります。仕事や人生では予期せぬ難題が立ちはだかり、ミスをして落ち込んでしまうこともあります。ですから、部下を**精神的にサポートしたり、起こっている問題を解決する手助けをしたりするのもリーダーの大切な役目**です。リーダーたるもの、大きな器でパートナーや部下を受けとめ、手を差し伸べましょうということですね」

「うーん、私は家庭でも職場でも支配型リーダーに近いタイプかもしれません」

「自覚があったんですね。でも、安心してください。あなたは既にサーバントリーダーに近づいていますよ」

（この人から見ても時代遅れのリーダーに見えていたのか）
「そうですかね。まだ少し迷いもありますがね」

「続けますね。4つめは**『気づき』**です。気づきは、**物事を客観的によく見て本質を見極めたり、変化を知る能力です。先入観や思い込みに捉われず、家庭でもビジネスでもあらゆることを観察する**ということですね。観察眼が鋭くなると、ビジネスの動きに敏感になるだけでなく、チーム内の関係も円滑になります。

先ほども話に出ましたが伝達のパートでお伝えした、アンコンシャスバイアスを意識するということと重なっていますね。アンコンシャスバイアスは覚えていますか？　無意識の思い込みとか、先入観ですよ」

「覚えていますよ。アンコンシャスバイアスを意識することは結構大事なんですね」

「そう、アンコンシャスバイアスは土台でも役割でも大事なんですよ。

最後の5つめは**『説得』**です。**相手の立場に影響を受けず、また、服従を強要することなく、パートナーや関係者を説得できる**のがサーバントリーダーということです」

「なるほど。4つめと5つめも先週習ったことと近い気がしますね。さっき言われたアンコンシャスバイアスもそうですし、伝達の仕方のREPT法はまさに服従を強要することなく会話・対話を行う話法でしたよね」

「しっかりと意味を咀嚼《そしゃく》できているので、違った用語で出てきても理解できていて、素晴らしいです。

ざっとですが、この5つがサーバントリーダーにおける属性となります」

「わかりました」

「サーバントリーダーは、チームメンバーのサポートをするのが自分の役目だと意識して行動します。**パートナーや部下は、厳しい競争環境ではなく、献身的に支援してもらえる環境をつくってもらうことで、安心して目の前のことに全力投球できる**でしょう。また、**温かくサポートしてもらうことで、パートナーや部下は長所や能力を伸ばしていきやすくなります。**

リーダーが支援型を意識して日々行動することで、部下が成功した時にはリーダーも自分のことのようにうれしくなりますから、ＷＩＮ－ＷＩＮの状態にもなり得ます」

「たしかにそうですね」

「サーバントリーダーはご家庭でもビジネスでも求められていると私は思っています。特徴を理解した上で、ぜひご家庭でも実践してもらいたいと思っています。なにか質問はありますか？」

「いや、質問というか、内容を理解するのに必死です。そもそもこのようなリーダーシップのスタイルがあることを知りませんでしたので、単純に勉強になりましたよ。

先ほども言いましたが、私は支配型リーダーに近いスタイルだったと思います。そのようなリーダーでいては、これからの時代、なかなかうまくいかないのですね。完全にではないかもしれませんが、大まかには理解したつもりです」

「ご理解いただけてうれしいです」

「というか、そのリーダーシップスタイルを応用して家庭でも実践する、というのは革新的ですね。改めて家庭とビジネスの繋がりを感じました。まさに修身斉家治国平天下の考えということも言えますね」

「色々な気づきがあったのですね。サーバントリーダーに関しては、ひとまず重要な点だけ理解してもらえればよいと思います。
それでは少し質問の仕方を変えますが、あなたがサーバントリーダーになるために足りないことはなんだと思いますか？」

「うーん。そうですね。共感、癒やし、気づきの力を高めることですかね。今意識したり実践していること以外で何かやれることはあるんですかね。具体的な動きが想像できないので、はっきり『これ』と言えないのですが」

「その3つの力を高めるために具体的に実践することですね。私がおすすめなのは『**先義**《せんぎ》』

の活動をしてもらうことです。

先義に関しては傾聴のところで学んだ『返報性の法則』とも関連します。返報性の法則は覚えていますか？」

「もちろん覚えています。事故に遭ったトルコの船に乗っていた人たちを日本人が助けたら、何十年も経ってから起きたイラン・イラク戦争の時に助けてくれた上に、今でも親日的という話でしたよね」

「そうです。サーバントリーダーになるには、返報性を意識しつつ、この先義の考え方が非常に大切になってきます」

まずは自分から行動する、利益は後からついてくる「先義後利」の考え

「先ほどから出ている『先義』とはなんですか？　初めて聞いた言葉なんですが」

「正確に言うと『**先義後利**』といって、中国の古典『荀子《じゅんし》』や『孟子《もうし》』に出てくる言葉なんですよ。『義』は義理とか道義という言葉に置き換えて考えていただくとわかりやすいのではないでしょうか。この『義』を先にしっかり行うことで、後から利益がついてくるということです。

ですから、先週お伝えしたことも、またこれからお伝えすることも、相手に求めるのではなく、まずは自分から行動をするのが正しいということになります」

「後から利益がついてくるんですか」

「はい。ところで、世界的にベストセラーになった『7つの習慣』（スティーブン・R・コヴィー著、フランクリン・コヴィー・ジャパン訳、キングベアー出版）という本がありますが、ご存じでしょうか？」

「いきなりですね。知ってますよ。読んだことはありませんが」

「簡単に説明すると、成功者を研究した結果、共通した7つの習慣があったということで、成功哲学をまとめて解説している本なんです。
この本でも『先義』と同じように、自ら動くことの大切さや、まずは相手の理解に徹し、その後自分を理解してもらうことが重要だと説いています。
まとめると、自分がやってほしいことはまずは自分から行う、まずは義を見せるのが非常に重要ということですね」

「『義』って言われると、なんか古くさい気がしますね。たしか、戦国武将の上杉謙信が掲げていたんですよね」

「よくご存じですね。そう、上杉謙信が掲げていた『義』です。義は『**人として当たり前のこと**』と訳されることもありますね。現代でも非常に重要な考え方です。『義』が出てくる有名な言葉として、『論語』に『義を見てせざるは勇なきなり』なんて言葉もありますよね。人として当たり前のことができないのは勇気がないからという教えです。困っている人がいるのに助けないで無視をするのは勇気がないだけだという感じですかね。電車で自分が座っていて、前にお年寄りや妊娠中の方が立っていた、そんな時に席を譲らない――なんていうのは、まさに『義を見てせざるは勇なきなり』と言っていいですよね」

「たしかにそうですね」

「『先義後利』は近江商人も大切にしていた言葉だそうですよ。近江商人といえば、なにか思いつく言葉はありませんか？」

「『三方よし』という言葉をよく聞きますね」

「そうそう、『売り手よし、買い手よし、世間よし』の『三方よし』です。近江商人が『三方よし』の精神を大事にしていたことは有名ですが、それ以外にも『先義後利』の精神も大切にしていたと言われています」

「そうなんですか」

「『ハーバード流交渉術』という交渉方法があるのですが、それがまさに『三方よし』の考え方と類似しているんです。ハーバード流交渉術の研究は50年ほどなんですが、日本では500年以上前からこの三方よしをビジネスで実践していると、ある研究者が話していました。日本人としてとても誇らしくなりましたね」

「近江商人のビジネスも、世界的にもっと有名になるといいですね」

「本当にそうですよね。

話を戻しますが、『先義後利』の精神を常に意識して行動するというのが、奉仕者、つまりサーバントリーダーとして実践してほしいことになります。まずは自分から行動する、その結果はいつか返報性で返ってくると思って行動し続ける、これが大切です。

いかがですか？　3つの土台を学び、変わり始めているあなたなら、できそうではありませんか？」

（この人、漫画だけじゃなくて日本のことも好きなんだな）

「『先義後利』ですね。今までまったく意識していませんでしたが、今日から意識してみますよ。自分がやってほしいことがあれば、まず自分から行ってみるということですね」

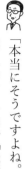

「そのとおりです。さて、今までの『先義』の話を聞いて、なにか思い出したことはないですか？」

「思い出したことですか？　うーん、仕事の上ではすでに実践しているかもしれません。部下にも『お客様の前に出た時に、自分の利益のことばかり考えすぎるな』と言っているんですよね。目先の儲けばかり考えて、目が¥マークになってるような部下もいましたのでね。そうではなく、目の前のお客様のためになることを考えて行動するようにと指導してきたんです。私の場合はそれを家庭でも意識するということですね」

「お仕事の時にはすでに『先義』の考えでいたのですね。素晴らしいことです。おっしゃるとおり、ご家庭でもその考えを実践できるといいですね。あなたはこれまで家では自分のことばかり考えていませんでしたか？」

「うっ、たしかにそうかもしれません。でも、そうしないと家にいるのに気を張ってしまって、リラックスできなくないですか？」

「そんなことはありませんよ。状況によっては家庭でもある程度の気を張るのは大事だと思います。『親しき仲にも礼儀あり』っていいますし。あとはパートナーとの約束ですかね」

「約束ですか？」

「はい。これは明後日、経営者としての役割で一緒に考えましょう。それでは時間も迫ってきたので、本日最後の質問です。あなたが今、奥様にやってほしいことを3つ挙げるとしたらなんですか？」

「3つですか？　そうですね。①トイレ掃除をしてほしい、②子どもを静かに寝かせてほしい、③朝は元気よく送り出してほしい。そんなところですかね」

「率直に挙げていただき、ありがとうございます。今日の課題は、その3つをまずはあなたが実践する、ということです」

「えええっ、妻にしてほしいことなのに、自分がやるんですか？」

「あなたは既にサーバントリーダーに必要な要素を習得しつつあります。ですから、今日お伝えした『先義』を実践し、サーバントリーダーとしてより高みを目指してほしいと思っています。ということで、明日の実践結果の報告を楽しみにしています。それでは本日はここまでです。本日もありがとうございました」

「あ、えっと、はあ……。ありがとうございました」

本日の振り返り

■3つの土台と3つの役割を意識し、懸命に家庭での役割も果たしている方をファミリーリーダーと呼んでいる。

■ファミリーリーダーになるためには3つの役割のバランスも大切になる。目処として、奉仕者50%、経営者40%、冒険者10%くらいの割合で日々過ごすとよい。

■奉仕者＝支援型リーダー＝安全空間をつくるサーバントリーダーを目指す。

■サーバントリーダーの特に重要な5つの属性は、傾聴、共感、癒やし、気づき、説得である。

■サーバントリーダーになるためにも先義後利の意識を持ち、自分がやってほしいことはまずは自分から行うというのが大切。

■売り手よし、買い手よし、世間よし、の三方よしの意識も持ち日々活動する。

■親しき仲にも礼儀あり、を意識し、家庭内でも一定の気を張る。

Chapter 7

奉仕者の役割②

7日目の火曜日、
「心理的安全性」「安全空間」を学ぶ

キュッキュッキュッ、ジャーというトイレを掃除する音が静寂の中から聞こえてくる。トイレ掃除が終わった彼は入念に手を洗い、自宅のソファーに腰掛けた。

朝日がカーテンからわずかに漏れてくる中、コーヒーを口に含みながら考えていた。家事を行うのはいつぶりだろうかと。

仕事を一生懸命行い、お金を家へ入れるのが自分の役割であり、家庭は妻に任せる、彼はそんなことを常に考えて仕事に邁進《まいしん》してきた。

家庭を顧みずに仕事をすることが正しいと、尊敬する先輩から行動で示されてきていた。それを当たり前に思っていたし、形成されてきた価値観である。

しかし、そのような猛烈な働き方は職場でも問題視され始めており、部下への対応もパワハラだなんだと言われてしまう昨今。

今の時代がおかしいと自分に言い聞かせ、必死に周囲の声を掻《か》き消し、自分のやり方を変えようとはしなかった。自分の過去の習慣を変えるのは少し怖さもあったのだろう。

しかし、このコンサルティングを毎日受けて、考えが変わってきていた。知らないことがこんなにも世の中に溢《あふ》れていたのか、自分の過去のやり方は果たして100点満点なのだろうか、もっと成果が出るやり方もあるのではないだろうか。そんなことを考えていた。

新しい一日が始まるという夜明けの高揚感と共にトイレ掃除を行った心地よさも感じていた彼は、なにかよいことをしたような満足感を得ながら、「一日一善」という言葉を思い出していた。

次はゴミ出しでも行おうか、などと考えながら、出社の支度を始めるのであった。

（昨日は休み明けのコンサルティングだったが、相変わらず刺激的な内容だったなあ。サーバントリーダーと言っていたが、リーダーに奉仕者の役割があるというのは、それまで考えたこともなかったのに、どんどん知識が入ってきた。自分が少しずつ変わっているということを自覚している。

昨日の課題の『先義』の実践として、トイレ掃除と子どもの寝かしつけ、そして朝は機嫌よく仕事に行くというのをやった。やったんだが……。

トイレ掃除は妻に喜ばれたものの相当いぶかしがられたし、子どもの寝かしつけは子どもに嫌がられてしまった。

やはり急にやることは周りに支持されないのかもしれないな。継続することが大事なんだろう）

自分がやった時こそ、相手に感謝の言葉を伝えよう

「こんばんは。本日もよろしくお願いします。それでは本日は昨日に続き、ファミリーリーダーに必要な3つの役割の1つ、奉仕者に関して学んでいきましょう。さっそく質問ですが、昨日学んだことは覚えていますか？　少し量が多かったかもしれませんが……」

「ええ、しっかり覚えていますよ。ファミリーリーダーには3つの役割があって、奉仕者、

あとは経営者、冒険者ですよね。

そしてよき奉仕者になるためにはサーバントリーダーになる必要がある。サーバントリーダーになるためには傾聴や共感、癒やし等を意識する。

そのために私にとって必要な行動は先義、つまり自分がしてほしいと思ったことは自分からまずは行動しよう、というものでしたね。もちろん、相手の思いを考えて行動することも大切ですが。

お互い様の精神が大切という感じですかね」

「いいですね。とてもよくまとめられていますね。
それでは今日も前半部分の振り返りパートからいきましょう。先義の実践結果を教えてもらえますか。①トイレ掃除をしてほしい、②子どもを静かに寝かせてほしい、③朝は元気よく送り出してほしい、でしたね。
いかがでした？　自分からできましたか？」

「もちろん！　今回もきちんと実践しました。『GOOD』はとにかく実践できたことですかね。順を追って話しますね。
まず、①トイレ掃除をしてほしいですが、今朝掃除をしました。出社前に妻が気づき、とても喜んでいたのでやってよかったと思いました。『最近、なんかおかしい』とも言われて

しまいましたが。

次に、子どもを静かに寝かせてほしいですが、いつも私が仕事でいなかったり、いても夜ピリピリして先に寝てしまうのですが、昨日は妻が子どもを寝かしつけるサポートをしようと思いました。ただ、残念ながら子どもから嫌がられてしまいました。

最後に、朝は元気よく送り出してほしいですが、こちらは今朝家を出る時に、私のほうから元気よく挨拶をしました。妻は驚いているようでしたが、効果はまだわかりません」

「そうでしたか。『BAD』と『NEXT』はなにかありますか？」

「『BAD』は特にありませんが……。あえて言えば子どもの寝かしつけがうまくできなかったというところでしょうか。
『NEXT』は、今後も寝かしつけにチャレンジということになりますかね。あとは継続ですね。先義、奉仕者は、一度きりではなく常に意識して行動することが大事だと思いました」

「実践ありがとうございます。すごくいい感じですね。『BAD』に挙げた寝かしつけに関してですが、最初はしょうがないですよね。うまくいく、いかないではなく、先義の気持ちを持ち、自分からやる姿勢を示したことが非常に重要です。
今はまだ実感できていないかもしれませんが、続けていけば奥様の対応も近いうちに変わ

ってくると思います。常に意識して行動することが大事という気づきも素晴らしいです。ぜひ、継続をお願いします」

「そんなものですかね。まあ今までも変化がありましたし、継続実施をしつつ気長に変化を待ちたいと思います」

「せっかくなので、1つお伝えしていいでしょうか。先義の気持ちで実践する時に、セットで私が実践をおすすめしていることです。
それは、やった時こそ『ありがとう』と言うことです」

「やった時こそ『ありがとう』ですか？」

「そうです。自分が先義の気持ちで実施した時こそ、『今回は自分がこの仕事をしたけれど、こんなに大変だったんだね。いつも本当にありがとう』と、感謝を伝えることです。これは非常に大事だと思います。こういう積み重ねから『お互い様』という感覚が生まれてくるのだと感じています。そして、『誰かの仕事』から『みんなの仕事』になっていくのですね」

「なるほど。以前の私なら多分理解できなかったと思いますが、今はなんとなくわかります。先義の気持ちを持ち、やった時こそ『ありがとう』で気持ちを伝え、妻と一緒に頑張って

いきたいと思いました」

「そういう前向きなお返事をもらうと、私もうれしくなりますね」

心理的安全性の高いチームだからこそ、メンバーが協力し合える

「それでは振り返りは終了で、さっそく本日の内容に入りましょうか。本日は、『**安全空間**』のつくり方がメインです。
安全空間と関連した最初の質問ですが、グーグルが実施した『プロジェクトアリストテレス』という調査はご存じですか？」

「ＩＴ企業のグーグルですよね？　いや、その調査は聞いたことがないです」

「プロジェクトアリストテレスとは、２０１２年に行われた大規模な調査なんです。１８０のチームを対象に約４年かけて実施されたのですが、高い成果を生むチームの成功因子を特定したのです。どんなチームが高い成果を生むと思いますか？」

「うーん、そうですね。やはり素直で優秀なメンバーがたくさんいるチームが高い成果を生むのではないのですか？」

「そう思いますよね。しかし調査結果では、チームメンバー個人のパフォーマンスがチーム

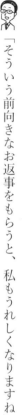

の生産性には大きな影響を与えないということが発見されたのです。誰がチームのメンバーであるかよりも、チームがどのように協力しているかの方が重要だということがわかったのですね。

さらに成功するチームの集団規範における共通点を探求したところ、**『心理的安全性』**が土台にあると解明したのです」

「『心理的安全性』って、聞いたことがありますね」

「ご存じかもしれませんが、一応説明しますね。

心理的安全性とは、**対人関係において、『邪魔だと思われるのでは?』とか『無能だと思われるのでは?』というようなリスクある行動を取ったとしても、このチームなら大丈夫だと信じられる状態**をいいます」

「なるほど。そこまで詳しい定義は知りませんでしたよ」

「**心理的安全性の高いチームとは、他のメンバーに対してリスクを取ることに不安を感じておらず、自分の失敗を認めたり、質問をしたり、新しいアイデアを披露したりしても自分は馬鹿にされないと信じられるチーム**のことです。

グーグルは、この**心理的安全性がチームの生産性を高める上で一番重要**だと、この調査によって結論づけたんです」

「興味深い調査結果ですね。恥ずかしながらまったく知りませんでした。今日教えてもらう『安全空間』というのは、心理的安全性ができている場所という意味ですよね。この考えはまさにこれからの時代の関係性構築において大事かもしれませんね」

「安全空間に関してはおっしゃるとおりです。私も教員免許を取得する際にこの概念を習いました。その時は『**安全基地**』という言葉で習いましたね。『教員や親は子どもにとっての安全基地になりなさい。安全な基地があるからこそ、子どもは外でチャレンジができるのだ』というようなことでした。感銘を受けたのを今でも覚えています。この『安全基地』という言葉を私なりに言い直したのが『安全空間』です。基地というと、ドシッと固定しているイメージがありませんか？　でも、空間ならその人の周囲についてまわるというイメージがあります。また、安全空間を感じた相手も安全空間のつくり手になってほしいという思いがあり、それで言い直したのです」

「まあ、正直そこはどちらでもいいような気がしますけれど」

「私としては、『安全空間』のほうがしっくりくるので、こちらの言葉を使っていきますね。ところで、あなたご自身が所属する部署やご家庭は、心理的安全性が保たれている、私の言葉で言い換えれば『安全空間』がつくれていると思いますか？」

（そんな急に言われても……）

「えーっと、正直言って、『はい』とは答えづらいです。そういう状況ですので、具体的に安全空間ができていると感じられる状態を改めて教えてもらえませんか」

「もちろんです。安全空間について学ぶ姿勢があるのは素晴らしいことです。

組織・チームに対してどう思っているか、YESかNOで答えられる質問をして、心理的安全性が高い・低いを確認しているケースもあります。例えば、こんな質問です。

この組織・チームでは、

①心に思っていることを率直に言いやすい

②問題や反対意見について、たいてい気軽に話し合っている

③うまくいっていることだけでなく、うまくいっていないことについての情報も進んで共有する

④困った時に支援を求めやすい

⑤ミスをしても咎《とが》められない

この質問に4つ以上YESがつくようなら、心理的安全性が高いと言えるでしょう」

「反対意見、うまくいってないこと、ミス……。これで5問中4問?」

「じっくり考えておられるようですが、いかがですか? 会社でも家庭でも、今の質問に4つ以上YESがつくような安全な組織・チームになっていると思いますか?」

「恥ずかしながら、職場も家庭も、今のところすべてＮＯだと言えます。やはり私は安全空間をつくれていないですね」

「素直に認められるのもよいことですよ。

安全空間をつくるのはかなり意識しないと難しいんです。特に日本の会社は体育会系のような組織が多く、伝統的に上下関係が大切にされていますからね。そのような文化を否定するわけではありませんが、安全空間も大切だと思っています。会社や職場の伝統なり規律なりを守りながら、安全空間の概念をプラスしていく。安全空間と言えるような組織がたくさんできれば、日本の会社はさらに進化するのではないかと私は思っているんです」

「なるほどね」

「安全空間」をつくるために、リーダーに必要な重要行動

「さて、組織においても大切ですが、まずは修身斉家治国平天下です。個人を修め、家庭も円満にすることがその先の会社や社会をよくすることに繋がります。まずはよき家庭をつくるために、安全空間をつくるサーバントリーダーになってもらいたいと思っています」

「なるほど。あなたが熱い想いを抱いて活動していることがよくわかりました。安全空間を

つくることにも興味が湧いてきました。

ただ、安全空間の重要性や、安全空間と言える組織の状態は理解できたのですが、実際にどうすれば安全空間をつくれるのか、そこのところが明確になっていません。実際に安全空間をつくるための具体的な行動があるんですよね？　そちらもお聞きしたいです」

「自ら聞きたいとおっしゃっていただけてうれしい限りです。
それでは、**安全空間をつくるためにリーダーに必要な重要行動**を８つ、お伝えしますね。
①情緒を安定させて相手と向き合うこと
②傾聴の姿勢を常に持つこと
③相手を否定せず、認め、受け入れること
④なるべく均等に発言ができるように相手に意見を求めること
⑤相手のプラス面にフォーカスすること
⑥いつでも話せることを示すこと
⑦相手の成長のため、時にはチャレンジすることを促すこと
⑧時には弱さも見せること、謙虚でいること
以上となります」

「あれ？　これ、これまでに習ったことが多くないですか？」

「実はそうなんです。特に重要な1つめ、2つめ、3つめは既にお伝え済みですよね。だから先に3つの土台があるのです。あなたは先週の実践を通して、知らず知らずのうちに安全空間をつくるサーバントリーダーの入り口に立っていたことになるんです」

「そういうことですか。なんだか勝手にどんどん進めているようにも見えましたが、色々と計算してコンサルティングをしてくれていたんですね」

「そうなんです。むしろなにも考えずに進めているように思っていましたね？」

「いやいや、そんなことないです。失礼しました。信頼していますから大丈夫ですよ」

「そうですか？　まあいいでしょう。先に進みますね。安全空間をつくるための行動は、いくつかお伝え済みなのですが、まだ伝えていないこともありますので、その部分を補足していきますね」

「はい、お願いします」

「まずは4つめの『**なるべく均等に発言ができるように相手に意見を求めること**』ですが、これは**一対一で話す時は自分ばかり話さないようにする、複数人で話す時は特定の誰かに偏らないように配慮して、話せていない人にも話を振る**ということです。状況にもよりますが、基本的に、発言ができていない人はその場所を安全だと思っていません」

「えっ、それはどうしてですか？」

「誰かが一方的に発言する空間だと、聞いている人は言いたいことが言えず、辛い状況です。
そこに安全性はありません。
ですから、発言ができていない人にも意見を求めることが重要なんです」

「うーん、そういうものですか」

「続けますね。5つめの『**相手のプラス面にフォーカスすること**』は、人間は他人のマイナス面に目が向きがちですが、**プラス面・ポジティブな側面を見よう、そして積極的に褒めよう**ということになります。
6つめの『**いつでも話せることを示すこと**』は、リーダーに気軽に話しかけられないメンバーはその場所を安全空間とは思えないものです。ですので、**様々な場面で親しみやすさを伝え、いつでも相談に来てくださいとアプローチする必要がある**のです」

「プラス面にフォーカスする……、親しみやすさをアプローチする……、ですか」

「しっかり咀嚼《そしゃく》しているんですね。素晴らしいことです。
次に7つめの『**相手の成長のため、時にはチャレンジすることを促すこと**』というのは、失

敗も認められる安全な空間があるからこそチャレンジができるので、**時にリーダーはリスクをおそれずにチャレンジすることを促そう**ということですね」

「これはわかるような気がします。挑戦しないと成果も上がりませんから」

「おっしゃるとおりです。
最後になりますが、８つめの『**時には弱さも見せること、謙虚でいること**』は特に重要です。**いつもというわけではなく、時には弱さをさらけだすのがよい**のは、様々な研究結果からも言われています。
ある研究でも、**リーダーが気さくで話しかけやすく謙虚さを持っている、つまり自分は完璧ではなくミスをする人間であることを認識しており、助けが必要だというメッセージを出している。そして他のメンバーが発言しやすいように意見を求める。こんなリーダーが率いるチームはパフォーマンスが高い**と言われています」

「まあ、ミスばかりしていてもよくはありませんけれどね。でも、今まで発言しない部下のことを、なぜ発言しないのだろうかと不満に思っていたんですが、これからは私がリーダーとして部下が発言しやすいように、意見を求めたりするといいってことなんですね」

「そうです、そのとおりです」

相談することで、自分の弱さを知ってもらおう

「それではまた質問させてください。あなたは日頃、奥様に仕事のことを相談したり、人間関係の悩みを話したりしていますか？」

「いや、まったくしてないですね。仕事の話は家庭ではほとんどしません。そもそも先々週までは、話すこと自体が少なかったくらいですからね」

「そうでしたね」

「でも、仕事の相談を妻にするのがいいことなんですか？　それが安全空間とどう繋がるのか、理解できないのですが」

「奥様に仕事の話をするのは、たくさんよい効果があるんです。3つだけご紹介しましょう。

1つめは、単純に**会話の時間が増える**こと。

2つめは、**相手も弱音を吐けるようになる**こと。自分は弱点があり助けが必要だというあなたからのメッセージを奥様が受け取れば、奥様ご自身も弱音を吐いていいと思えるようになります。こうやってお互いが悩んでいることを話せるようになり、安全空間ができていくのです。

3つめは**巻き込める**こと。仕事が夫婦ふたりのものになっていくんですね」

「1つめはわかります。物理的に会話量が増えますよね。2つめはやはりよくわかりません。どういうことですか？」

「それでは2つめの『相手も弱音を吐けるようになること』についてもう少し説明しましょう。例えば、相手がなにを考えているかわからない人とか完璧すぎる人にあなたはなにかを相談しようと思いますか」

「そうですね。なにを考えているかわからない人や完璧すぎる人相手では、自分の相談ごとはとても簡単なことに思われてしまい、馬鹿にされてしまうかもしれないと、少し気が引けますね。結局、相談しようとしても相談しないというか、相談できないかもしれません」

「そうですよね、相談できないんですよ。では、そのような人に、心に思っていることを率直に言いやすいですか？ 問題や反対意見について気軽に話し合えそうですか？ うまくいっていることだけでなく、うまくいっていないことについての情報も進んで共有できそうですか？ 困った時に支援を求めやすいですか？ そして、その人は安全空間をつくれていると思いますか？」

「全部難しいと思います。そこに安全空間はないですね。その状態では、安心して質問や相談、会話ができない気がします」

「そうなんです。だから『時々でいいから相手に弱さを見せましょう』と伝えているんです。弱さというのは、失敗した経験や困っていることなどですね。自分は完璧ではなくミスをする人間であると認識しており、助けが必要なことを直接伝えたり、それを態度で示したりする必要があります。もちろん、特別頭の悪いフリをする必要はありませんし、会社の機密情報等を伝えるのはやめておきましょうね。

失敗したことは会話の流れでぜひ伝えてもらえればと思うのですが、今回は奥様に相談することを通して弱さを見せましょうか」

「えっ？」

「ぜひやってみてください。相談していると、先ほどお話しした3つめの効果、巻き込みも自然と行われます。相談をすると、相手は結果も気になり始めます。もし相手がアドバイスをしてくれたなら、なおさら自分のアドバイスが役に立ったか気になるでしょう。その結果、相談した話が自分ひとりの課題ではなく、ふたりの課題となるんですね。

このようにしてあなたの課題は奥様と共通の認識、共通の課題となり、奥様も自分ごととして認識し、共に歩んでいる形ができあがっていきます。これが、効果としてお話しした巻き込みのいいところなんです」

「なるほど。相談することで自分だけの課題が、夫婦の共通課題へと変わるんですね」

「はい。説明としては以上になりますが、弱さを見せることがいかに大切か、また安全空間をつくる上で重要か、理解できたでしょうか？」

「はい。安全空間は、昨日習った先義の考えで自分から行っていく必要がありますが、パートナーと一緒につくっていくものでもあるんですね。
それはそうと、先ほど『奥様に相談することを通して弱さを見せましょう』と言いましたか？」

「はい、言いました。今回の課題は奥様へ相談するというのを設定しています。先ほどあなたがおっしゃったように、安全空間は自分からつくって、その輪を広げていくイメージですね。そのために、時には弱さを見せる必要があるということです。
それでは具体的に、今業務上で困っていることってどんなことがありますか？　たくさん挙げてみてください。守秘義務は守りますよ」

「うーん、困っていることはたくさんあるんですが……。妻に相談するというのがなんとも抵抗があります。自分がダメな男だと思われそうで嫌なんです」

「わかりますよ。今までと違うことを行うのは勇気が必要ですよね。でも、今のあなたがやれば、必ずいい結果が出ますよ。大丈夫、ぜひ頑張ってみましょう！」

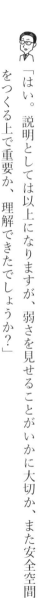

「ここまで毎日課題を実践してきてこのコンサルティングの効果も感じていますし、やってみるつもりではあるんですけどね。それでも妻に相談することにはちょっと抵抗があるというか……。
でもチャレンジしてみようかな』

「いいですね！　それでは改めて、お仕事で困っていることやお悩みごとを挙げてみていただけますか」

「そうですねえ……。
・今月、うちのチームは数字を達成できるかな
・上司はなんで自分の言うことをわかってくれないんだ
・部下から業務上の提案がもっとほしい。もっと部下に主体性があればな
・部下同士で仲よく協力してほしい
・会社の評価制度が気に入らない
・競合他社と比べてさらに強力な商品が欲しい
まだまだ挙げられますけど、続けますか？」

「おっと、そこまでで十分です。たくさんお悩みを抱えているのですね。
終了時刻が近づいてきたので、本日の課題をお伝えして終わりたいと思います。先ほど挙

げてもらったことでも、それとは別のことでもいいのですが、奥様に仕事上の悩みを1つでいいので相談してきてください。

先ほど聞いた内容で私が奥様に相談するのにふさわしいと思ったのは、『上司はなんで自分の言うことをわかってくれないんだ』『部下から業務上の提案がもっとほしい。もっと部下に主体性があればな』『部下同士で仲よく協力してほしい』というものです。

上司との人間関係や部下や部下同士の関係についてのことなので話しやすいかなと思いました。別に私の言葉にとらわれず別のことを相談してもらってもいいですよ。

それでは、本日のコンサルティングを終了します。ありがとうございました。明日も楽しみにしています」

「課題、やってみますよ。今日もありがとうございました」

本日の振り返り

■すべての行動は一時的なものとせず、振り返りを行いつつ継続することが大切。

■先義を行いパートナーの日頃の行動の大変さに気づいた時こそ、「やった時こそありがとう」の精神で感謝を伝える。

■チームに安全空間があるかの判断は次の項目で4つ以上YESであるのを1つの基準とする。

①心に思っていることを率直に言いやすい
②問題や反対意見について、たいてい気軽に話し合っている
③うまくいっていることだけでなく、うまくいっていないことについての情報も進んで共有する
④困った時に支援を求めやすい
⑤ミスをしても咎められない

■安全空間をつくるためにはリーダーは次の8つを実践する必要がある。

①情緒を安定させて相手と向き合うこと
②傾聴の姿勢を常に持つこと
③相手を否定せず、認め、受け入れること

④なるべく均等に発言ができるように相手に意見を求めること
⑤相手のプラス面にフォーカスすること
⑥いつでも話せることを示すこと
⑦相手の成長のため、時にはチャレンジすることを促すこと
⑧時には弱さも見せること、謙虚でいること

■自分には弱点があり助けが必要だという、弱さを見せるメッセージを出すことにより安全空間をつくっていくことも時には必要。

■パートナーへ仕事の相談も適宜行い、ふたりの共通認識・共通課題として検討していくことも重要。

■安全空間は自分からつくり、その輪を広げていくことが大切。

Chapter 8

経営者の役割①

8日目の水曜日、
「自責思考」「フォロワーシップ」を学び、
「ミッション・ビジョン・バリュー」を考える

上司である部長ともう少し対話をしてみようか、そんなことを考えながら彼は今日もコンサルティングが行われる会議室へ向かっていた。

まだ上司・部下の関係になって1年ほどしか経っていないが、彼と部長とは馬が合わなかった。

数字はしっかりつくるものの、かなり強引なやり方の彼に対して、部長からは、もっと組織目線を持ちなさい、部下の視点にも立ちなさい、長期的視野を持ちなさい、等々のフィードバックをもらい、彼はうんざりしていたのだった。

部長のやり方では結果は出せない、俺のやり方こそが正しいのだ、そんなことを常に思いながら過ごしてきたのだった。

ただ、このコンサルティングを受け、家庭での変化を目の当たりにし、考えが変わってきていた。昨日もとても大きな変化があったのだが、それも影響しているのだろう。自分も部長に対しての対応を少しずつでも変えていかなければならないのではないか、と思い始めていた。

そもそも部長が自分に求めていることはなんだろうか。自分は部長の目線に立って行動したことはなにかあっただろうか、部長のサポートを数字面以外でできていただろうか。自分は部下だけでなく部長に対しても、いや会社の中ですべてにおいて自己中心的に動いてきたのではないだろうか、そんなことを思い始めていた。

先義後利の効果を強く実感した彼は、次の面談の機会に、今まで拒否していた部長の考えをもう少し深く聞いてみようと思い始めていた。

今までとは家庭でも会社でも見える景色が変わっていた。どこか霞がかかっていた世界の輪郭がはっきりと見え始めていた。

（今日も気分が少し高揚している。その理由は、今朝のポジティブな異変だ。

今朝、トイレ掃除をしようとトイレに入ったら、妻が先に掃除をしてくれていたのだ。

なにをしてもずっと険悪でいた妻になにがあったのかと戸惑ったが、これが先義の力なのだろう。まずは自分から動くということの大切さを感じた。

継続して先義を意識し、行動していけばみんな幸せになる気がしてきた。なかなかすごい力だ。

おっと、ヒューマンコンサルタントが来たぞ）

自分にできることはないかを前向きに考える「自責思考」

「こんばんは。今日はなんだかうれしそうな表情ですね。
本日もさっそく進めていきましょうか。まずは振り返りのパートですね。いつもどおり、『GOOD・BAD・NEXT』で課題の振り返りをお願いできますか」

「振り返りの前に、ちょっとご報告していいでしょうか。今朝すごいことが起きましてね！
前回の課題であったトイレ掃除の先義を今朝も行おうとしたら、なんと妻が先にトイレ掃除をしてくれていたんですよ。それに、私が家を出る時も玄関で見送ってくれたんです。
こんなことってありますかね。驚きました。ちょっと考えられないくらいの変化で、うれしくてなりません」

「さっそくそんな変化があったんですか。それは本当に素晴らしいです。奥様、素晴らしい方なんですね」

（俺じゃなくて、妻を褒めるのか。それもまあ、うれしいけれどな……）

「やっぱりそうですよね。聞いてもらい、ありがとうございます。それでは昨晩の『ＧＯＯＤ・ＢＡＤ・ＮＥＸＴ』をご報告します。

『ＧＯＯＤ』は、今回も課題をしっかり行うことができました。自分と馬が合わない上司とのかかわり方について妻に相談してみました。仕事の相談などほとんどしたことがないので、妻は最初少しびっくりしていましたね。でも、途中からはしっかりと聞いてくれました。ふたりの共通認識・共通課題になったかはまだわかりませんが、いい会話ができたと思います。

うまくいったのは、３つの土台の伝達のところで習った要素を意識して伝えることができたからだと思っています。相手の知識レベルとアンコンシャスバイアスを意識しながら伝えましたし、ＲＥＰＴ法も部分的に活用しました。理由や具体例を重視してＷＨＹから伝えることができました」

「そうでしたか」

「伝えた後、予想以上に妻から色々なアドバイスをもらえたのですが、それら1つ1つをしっかりと傾聴し、受け入れることができたのも『GOOD』ですかね。なによりよかったことは、上司に対して毎月30分面談の時間を取ってもらえないか打診をしてみるという、具体的な提案といえるような解決策が出てきたことです」

「ご夫婦で話したからこそ具体的な提案が出てきたんですね」


「そうだと思います。

報告を続けますと、『BAD』としては、最初上司へのただの悪口みたいになってしまったのが、後から振り返ると少し嫌な思い出ですね。悪口って話している時は気持ちが高ぶって楽しさもあるのですが、後から後悔することが多い気がします。

『NEXT』は、妻へ相談する時は愚痴や誰かの悪口になりすぎないように、前向きな話ができるように心がけようと思いました」


「慣れないご相談、お疲れ様でした。とてもよい実践ができましたね。それに、慣れないことを行う時は勇気がいるものですが、よく頑張ってくれました。

せっかくなので3点ほどフィードバックしますね。

1つめに、奥様がしっかりと話を聴いてくれたのは、あなたが日々傾聴を行っているので、返報性の法則で実施してくれたのだと思います。安全空間ができ始めているとも言え、非常によい傾向です。引き続き3つの土台のところから継続して意識を高め、実践してください」

「そうだとうれしいですね。引き続きやっていきます」

「ぜひお願いしますね。

2つめに、上司の方の悪口のようになってしまうことに関してです。これは多少仕方がないところもあると思いますが、気になるようでしたら『**自責思考**』を強く意識してみてください。これは私も日頃から意識して実践するようにしています」

「自責思考というと？」

「自責思考というのは、腹立たしいことが起きて悔しい時も、**自分にもっとなにかできることはなかったかと前向きに考え、行動する**ことです。もちろんいつも完璧にはできませんが、責任が相手にあると思ってばかりいると、物事が前に進みませんし、イライラが続くことが多いです。この自責思考は3つの土台の1つ、情緒安定にも繋がるところがありますから、すごくおすすめです。

ただし、注意点があります。精神的に落ち込んでいたり弱ったりしている時には、自責思考にならないようにするということです。こういう時は自分を追い込んでしまう可能性が高いので、むしろなにも考えないようにマインドフルネスを行ったり、リラックスしても

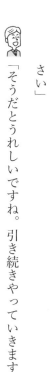

らえればと思います。この注意点も意識しつつ、ぜひ自責思考を実践してみてください」

「なるほど、自責思考は、これまで学んだポジティブシンキングや、先義などと繋がる概念のような気がしますね。人のせいにしてばかりいる部下もいるので、機会があればその部下と一緒に考えてみようと思いました。精神的に弱っている人や、自分を追い込みがちな人には要注意ということも理解しました。真面目すぎて自分を追い込みがちな人もいますからね」

「自責思考は両刃の剣のようなところがありますからね。真面目で優秀な人だと、最初からなんでも自責思考で捉えてしまったりするんです。ですから、私は真面目すぎる人には、3つの土台の情緒安定のテクニックをアドバイスしつつ、時には『他責で考えましょう』と伝えることもあるほどです」

「そうですね、時には他責で考えるのも大事な気がします。それに、怒りっぽい人だけでなく気持ちが沈みやすい人にも、情緒安定のテクニックは活かせるのですね。そういうところがある部下にも、ここで習ったことを伝えたいと思います」

「素晴らしい考えです。教えることが一番学びの定着に繋がるという研究もあるくらいですから、部下の方にもどんどんお伝えいただくといいですね」

積極的にリーダーに働きかける「フォロワーシップ」を発揮しよう

「3つめのフィードバックは、上司との関係性についてです。サーバントリーダーは、執事、つまり『**フォロワーシップ**』を発揮する人でもあると私は考えています。
フォロワーシップとは**上司やリーダーの状況をよく観察し、相手になりきって、なにをすれば相手が助かるのか、そして自分はどのような貢献ができるのかを考え、積極的に提案したり、行動したりすること**を指しています。
だから、上司の方が困っていることをあなたが読み取り、上司に意見をどんどん言ったり、サポートを行うのが、組織や会社にとってもよいのではないかと思います。
もちろん、いつでもどんなことでも意見を言えばよいということではありませんから、状況も読みつつ意見するという配慮も必要です」

「なるほど、上司の気持ちを考えたこともあまりなかったかもしれません。**サーバントリーダーはフォロワーシップを発揮する人でもある**というのは新しい学びですね」

「あなたが上司に意見を言いやすくするためにも、また上司に提案した行動を取ってもらうためにも、上司と日頃から良好な関係を築く必要があります。そのような観点からも、上司と月1回は面談をして、今上司が困っていることはどんなことなのか確認し、自分が考

え提案したいことを伝える時間を設けることをお勧めしているんです。今回、奥様との会話の中で面談の時間を取れるか上司に打診すると決められたのは、正直すごいと思いました」

「わが家の家庭内コミュニケーションは増えてきていますが、それと同様に上司とも会話の機会を増やすのが重要ということですね。よくわかりました。上司の気持ちにも寄り添いながら、色々と提案してみたいと思います」

「ぜひお願いします。それと、実はこのフォロワーシップの発揮は上司にだけではなく、それこそ奥様に対しても発揮する必要があります。円満なご家庭ではパートナー同士がフォロワーシップを発揮し合い、双方がファミリーリーダーの役割を担っているんですよ。ぜひ家庭でもフォロワーシップを発揮してくださいね」

「考えてみれば、たしかにそうかもしれません。妻に対しても状況をよく観察し、相手になりきってなにをすれば相手は助かるのか、そして自分はどのような貢献ができるのかを考えて積極的に提案・行動しないとまずいですよね。今日までの学びと共通するところがかなりありますね。意識して行動してみます」

「ぜひ実践してください。期待してます」

「実は部下に関することで、『部下から業務上の提案がもっとほしい。もっと部下に主体性があればな』『部下同士、仲よく協力してほしい』という悩みも妻に相談しようかと思ったのですが、やめたんです。

落ち着いて考えると、私自身が安全空間をつくれるサーバントリーダーになれていないために、部下の主体性がなかったり、部下同士が協力し合えていないのではないかと気づいたからなんです。

時には私も部下に弱さをさらけ出して、仕事の相談をしてみようと思いました。情緒安定とか傾聴とか、安全空間をつくるための言動を意識して、部下に接したいと思います。そうすると部下についての悩みが解決する気がしてきたんですよね」

「ご自身で考えて、答えを導き出したんですね。あなたはとても実践力の高い方です。私がお伝えしたことをどんどん吸収してご自身のものにしていますし、最近は前向きでとてもいい感じですよ」

「そう言っていただけると、励みになりますね」

「そうそう、安全空間をつくるための工夫に関して、歴史からの教訓を1つお伝えしたいと思います。戦国時代の武将なんですが、黒田長政という人をご存じですか？」

「黒田長政……。名前を聞いたことはあるんですが、どういう武将なのかはよくわかりま

せん」

「黒田長政は今の福岡の礎《いしずえ》を築いた、安土桃山時代から江戸時代にかけての名将です。彼の安全空間のつくり方と部下からの意見の聞き方は独特で面白い上に、とても参考になるんです。彼は安全空間をつくるために2つの工夫をしていたのですね」

「どんな工夫なんですか？」

「1つめは毎月実施していたという『腹立てずの異見会』です。異見会とは、部下、つまり藩士との交流の場なのですが、毎月、彼はある部屋にこもり、なにか意見があれば上司を介さず、直接意見をしに来てほしいと御触れを出して部下の言葉に耳を傾けていたらしいです。そうやって安全空間をつくって、現場の声を集めていたんですね。

2つめは『悪口祭り』という施策で、これは侍以外の民に対してのものだったんです。その祭りの日はどんなに政治の悪口を言っても咎められないという催しなのですが、重臣たちもその祭りに参加して民の声を聞いたそうです。

身分の上下が絶対的な時代に、悪口を言う機会を用意して、しかもそれを聞いて政治に活かしたというのは素晴らしい姿勢ですよね。彼はこのような工夫をすることで、部下や民の信頼を得ていたのかもしれません」

「へぇー、初めて聞きました」

「黒田長政のこの姿勢は、実は父親である黒田官兵衛・如水が家訓として謙虚さを説いていたということからの繋がりである、なんていう研究もされています。ちょっと変わった安全空間のつくり方ですが、頭の片隅にでも置いてください」

「何百年も前から安全空間をつくる工夫を行い、実践している人がいたと知ってちょっと驚いています。しかも身分制度の厳しい時代に、すごいですね。昔の人ができていたのだから、自分にもできる気がしてきましたよ。『腹立てずの異見会』のように、この日のこの時間帯は自席にいるから、なんでも気軽に言いにきてね、とスケジュールを設定することも検討してみようと、お話を聞いていて思いました」

「その意気です！　引き続き3つの役割の1つである奉仕者の意識でいることも続けてくださいね」

「はい、努めます」

どのような家庭を目指すのか、「ミッション・ビジョン・バリュー」を決めよう

「それでは本日の後半パートに入りたいと思います。本日は3つの役割の2つめ、**『経営者』**のパートです。経営者というと、どのようなイメージがありますか？」

「そうですね。結果を出すというイメージでしょうか。とにかく売上をしっかりとつくるというイメージがあります。また、結果が出ない時は責任を取るというイメージもありますね」

「なるほど。たしかにそれも重要な経営者像の1つですよね。
それでは角度を変えて考えてみましょうか。経営者の一番大切な仕事って、なんだと思いますか」

「一番大切な仕事は、売上をつくることではないですかね。それ以外だと、企業を存続させることとか？」

「いいですね！　売上ももちろん大切ですが、2つめにおっしゃった『企業を存続させること』、これは本当に大切ですよね。そのためにもやらなければならない重要な仕事があるんです。
もう答えを言ってしまいますが、**経営者の一番大切な仕事は『会社の経営理念をつくり実現させること』**なんです。『経営理念』とは**会社としてどうありたいか、存在意義を示すものです**。その**理念を中心に、目指すべき方向性を決め、行動指針を決める。**英語でいうと**『ミッション・ビジョン・バリュー』**、そのイニシャルをとって『**MVV**』と言ったりします。それを定めて運営していくことが経営者にとって非常に重要で、求められていること

なんです」

「経営理念ですか。たしかに弊社にもありますね。何かの折に唱和することもありますし、その理念に則った行動を取った者が表彰されたりしています。非常に大事なものだという認識はあります。

でも、部署によってはお飾りになっているところもあると思います」

「経営理念の唱和や、表彰制度があるのですね。それはいいことです。

経営理念がお飾りになっている会社は危険です。理念こそ、会社が存続する意味ですし、大切に次の世代へもつないでいくことが求められます。

その経営理念に近いものを家庭でもつくってほしいと思っています。それが本日の内容になります」

「理念を家庭につくる!? どういうことですか、それは?」

「言葉のとおりではあるのですが、奥様と相談し、**家庭の理念、つまりどのような家庭でありたいか、どのような家庭を目指すかを決める**ということです。まさにあなたと奥様が経営者として家庭の運営をしていく、その軸を決めようという工程になります。

理念は会社や家庭で必要なのはもちろん、組織やチームにおいても考えるべき重要な概念だとお伝えしています」

「そうなんですか！　考えたこともありませんでした。どうやってつくるものなんですか？　なんだかすごく大変そうですが、私にもつくれますかね」

「大丈夫です。すごく簡単ですよ。考えるべき項目をお伝えします。

①ご両親や祖父母の家庭ではなにを大切にしていて、どのような家族に見えた？
②今、近所の人たちにどんな家族に見られていそう？　今後どのように見られたい？
③私たち夫婦・家族といえば○○。○○にはなにが入る？
④自分たちがおじいちゃん、おばあちゃんになった時、どんな夫婦・家族だと言われたい？
⑤結論として、理想の家族像は？　どんな夫婦・家族になりたい？　家族理念を決めるとしたらどのようなものになりそう？

以上の5点です。ちょっと考えてみましょうか」

「自分の育ったルーツを参考にしつつ、理想像を考えていくんですね。『おじいちゃん、おばあちゃんになった時』のように、随分先のことまで考えるんですね」

「そうですね。先日お伝えした『7つの習慣』にも出てくる話なんですが、終わりを思い描くところから始めるというのが大切なんですよ。最終的にどうなりたいか、それが理想像であり、理念に繋がるんです。ですので、将来のことも、ぜひ考えてみてください」

「うーん、なるほど。わかりました。それでは、ちょっと考えてみますね。普段考えないの

で難しいですね。

ひとまず次のような感じでしょうか。

『①ご両親や祖父母の家庭ではなにを大切にしていて、どのような家族に見えた？』ですが、うちの両親はとにかく言ったことはやり切るということを大切にしていました。祖父母の家はあまり覚えていません。

『②今、近所の人たちにどんな家族に見られていそう？　今後どのように見られたい？』は、私があまり家族サービスをしていないので、妻と子どもしかいない家だと思われている気がします。今後はせめて『父親がいる』と認知されたいですね。

『③私たち夫婦・家族といえば○○。○○にはなにが入る？』ですが、今まであまりしゃべらなかったので、無口な家族ですかね。

次に『④自分たちがおじいちゃん、おばあちゃんになった時、どんな夫婦・家族だと言われたい？』ですが、これは本当に難しいですね。例えばですが、しっかりと娘を育て上げ、一人前の人として社会へ送り出し、私が引退した後は妻とふたりでいつまでも無理せず、自然体のまま仲よく過ごせればいいなと思いました。

『⑤結論として、理想の家族像は？　どんな夫婦・家族になりたい？　家族理念を決めるとしたらどのようなものになりそう？』ですが、自然体の家族、言ったことはやり切る家族、とかですかね」

「初めて考えたのに、すごいじゃないですか！　いいと思いますよ。でも実は、この家族理念は今すぐ完成させ、固定したものにしていただきたいとは思っていません。ぜひ、今後も考え続けて更新していってもらえればと思います」

「なんだ、そうなんですね。急いで考えて損したような気が……」

「そんなことはありませんよ。一生懸命に家族のことを考えた、そのこと自体が素晴らしいことなんです。

ただその前に、大切なことがあります。それは、今考えてもらったことを、奥様と一緒に考えてもらいたいということなんです。**ひとりではなく、パートナーと一緒に理想の家族像を考える**――、これだけでお互いの価値観が共有できますし、なにより家族で大切にしたいこと、つまり家族の理念ができるので、一緒に考えた時間は本当に意味があるものとなります」

「たしかにそうですね。ひとりで決めるより、ふたりで考えることに意味があるんですね」

「この理念をつくるのは入り口に過ぎません。理念と共に、その後は『**愛言葉**』というものをつくっていきます」

「合言葉？『山』と言ったら『川』みたいなアレですか？」

「いえいえ、違います。愛情の愛の『愛言葉』です。

ただあまりやることを増やしても大変なので、『愛言葉』は明日にして、今日は奥様とふたりで理想の家族像、家族理念を考えてくることを課題にしたいと思います。

今日の課題は結論を出さなくてOKです。あくまで話し合い、価値観の共有を行うと共に、理想の家族像、家族理念の候補を考えてもらえればと思います。

理想の家族像、家族理念の候補は、『○○な家族』という感じでまとめてもらえるとわかりやすいと思います。

今日帰ってから奥様と話す時間はありますか？　30分から1時間もあれば話し合えるかと思いますが、いかがでしょうか」

「子どもを寝かしつけた後に時間を取ってもらえないか、妻に聞いてみます。それにしても、なんだかとても重い課題ですね」

「今のあなたと奥様の関係性なら、絶対大丈夫です。むしろ楽しい時間になると思いますよ。安心して話し合ってきてください。それではよろしくお願いします」

「心配だな。でもわかりました。頑張ってきます」

本日の振り返り

■人への悪口やネガティブな感情が止まらない時は自責思考（腹立たしいことが起きて悔しい。でも「自分にもっとなにかできることはなかったかな？」と前向きに考える、そして行動すること）を強く意識するのも時には大切。自責思考は情緒安定にも繋がり有益だが、心が弱っている時は注意が必要。

■サーバントリーダー＝執事＝フォロワーシップを発揮する人、でもある。

■フォロワーシップとは上司やリーダーの状況をよく観察し、相手になりきって、なにをすれば相手が助かるのか、そして自分はどのような貢献ができるのかを考え、積極的に提案したり、行動したりすること。

■フォロワーシップはパートナーに対しても発揮することが求められる。

■自身が安全空間をつくれるサーバントリーダーになることで、部下やパートナーとの関係性が向上する可能性は高い。

■安全空間をつくる上で、腹立てずの異見会のようなメンバーとの交流の場を設けることも有効。

■経営者が経営理念をつくり方向性や行動指針（ミッション・ビジョン・バリュー）を決めるように、ファミリーリーダーもどのような家族にしていきたいか、という家族のありたい姿・家族の理想像をパートナーとつくることが大切。

■理想の家族像、家族理念を考える時には以下5点を検討し、パートナーと話し合う。

①ご両親や祖父母の家庭ではなにを大切にしていて、どのような家族に見えた？

②今、近所の人たちにどんな家族に見られていそう？　今後どのように見られたい？

③私たち夫婦・家族といえば○○。○○にはなにが入る？

④自分たちがおじいちゃん、おばあちゃんになった時、どんな夫婦・家族だと言われたい？

⑤結論として、理想の家族像は？　どんな夫婦・家族になりたい？　家族理念を決めるとしたらどのようなものになりそう？

Chapter 9

経営者の役割②

9日目の木曜日、
「ピグマリオン効果」を学び、
「愛言葉」をつくる

通勤電車に揺られる中、日課の新聞を読むことはせずに、彼はスマホを熱心に眺めていた。

週末に家族で出掛けて楽しめる場所はないか、検索していたのだ。

昨晩は妻と理想の家族像・家族理念の話をしたが、妻が思い描く理想の家族像とはかけ離れた行動を自分が今まで取っていたことに愕然《がくぜん》としたからだ。

いや、なんとなくは理解していたが見ないようにしていたというのが正解なのかもしれない。

そんな過去を打ち消すように、まずは家族で出かける先を考え、いくつか提案をしてみようと考えていたのだった。

スマホで色々と調べている時、娘のことをほとんどなにも知らないことに気がついた。

娘はどんなところに行きたいのだろう？　好きな食べ物は？　好きな動物は？　なにをすると楽しいと思うのだろうか？

そんなことを考えながら、今までいかに家族と向き合っていなかったか、目を背けていた真実に気がついたのであった。

電車の中を見渡せば、たくさんの同年代の男性がいる。彼らの中には家庭を持ち、子どもがいる人もたくさんいるだろう。彼らは仕事もしながら妻のことも考え、子どもにも寄り添い、日々を過ごしているのだろうか。

少なくとも自分よりは考えているのだろうな、などと思いながら今までの生活が恥ずかしくなる気持ちを持ち始めていた。

唯一の救いは、昨晩、妻としっかり会話ができたことだった。

「他人と過去は変えられないが、自分と未来は変えられる」という言葉を思い出していた。

ここから変えていこう。まずは妻に家族でどこへ出かけるかの提案をしよう。

そんなことを思いながらスマホで調べていると、あっという間に会社の最寄駅に到着したのであった。

（昨晩、気が重いと感じながらも、ヒューマンコンサルタントに出された課題をこなすべく、理想の家族像についての質問を妻にしてみた。
話してみたら、私が心配していたことはまったくの杞憂《きゆう》だとわかった。妻はとてもうれしそうに、自分が生まれ育った家族のことや、理想の家族像を語り始めた。妻の価値観を深く知れた気がした。
うれしかったと同時に、結婚してからこれまで妻と会話らしい会話をしてこなかったことを、少し、いや、かなり反省し、申し訳ないような気持ちでいっぱいになってしまった）

家族について夫婦の認識を率直に話し合い、価値観の違いを知ろう

「こんばんは。本日もコンサルティングを始めましょう。昨日の課題はいかがでしたか？ 奥様と話す時間は取れましたか？ 気が重いとおっしゃっていたので、少し心配していたんですが……」

「はい。妻と話しました。いやね、まったく問題なく終わりましたよ。それどころか、私が知らなかった妻の価値観まで知ることができて、なんだかわかりあえたような気がしました。よい課題を出していただいて、お礼を言わなければと思っていたくらいです」

「喜んでいただけたのはよかったんですが、あなたに素直にそう言われると、やっぱりなん

だかちょっと気味が悪いですね」

（この人のこういう物言い、前はいちいちムッとしてたが、段々慣れてきたぞ）

「奥様と話されたことを、いつものようにご報告いただけますか」

「はい、それでは報告しますね。

まずは『GOOD』からですが、先ほど言ったように、妻の価値観を知れたことです。今まで話してこなかった内容でしたのですごく刺激的でした。理想の家族像・家族理念の骨格ができたのは本当にうれしいことでした。

そして、『BAD』ですが、お互いの理想の家族像の話をした結果、価値観の異なることもありましたので、最終的に自分達の家の理念にまで落とし込むのは難しいのではないかと思ってしまいました。あとは、もう少し時間が欲しいというところでしょうか。平日の夜、子どもを寝かしつけた後で話し合うくらいではとても時間が足りませんからね。

せっかくなので、今後も何度か話し合っていこうということになりましたよ。また、家族理念を決めた後が気になります。この理念をつくってどうするのかなという話にもなりました。これが『NEXT』ですかね」

「ありがとうございます。とてもうれしいご報告です。具体的には奥様とどういうお話をされたんですか？」

「ちょっと説明が長くなるかもしれませんけれど、いいですか？
まず、①の『両親や祖父母の家庭ではなにを大切にしていて、どのような家族に見えた？』に関しては、私の実家ではとにかく口にしたことはやり切るというのを大切にしていたと伝えましたが、妻の家では困っている人を助けるということを大切にしていたようです。
また、規則正しく生活するというのも大切な価値観だったと聞きました」

「なるほど。それぞれのご実家で大切にしていたことが違っていたんですね」

「そうなんです。それから②の『今、近所の人たちにどんな家族に見られていそう？　今後どのように見られたい？』について、私は『今は妻と子どもしか見ない家と思われていそうだから、今後はせめて父親がいると認知されたい』と伝えましたが、妻も同じような認識でした。
ただ、今後どのように見られたいかについて、妻はとても具体的に考えていて、『両親がいつも笑顔でいる家、家族が仲よしな家、月に一度は楽しく外出するようなアクティブな家』に見られたいと言っていましたね」

「そうなんですね」

「次に、③の『私たち夫婦・家族といえば○○。○○にはなにが入る？』についてですが、こちらも私は『無口な家族』と伝えたんですが、妻はもっと辛辣で、なんと『父親不在の家』と言われてしまいました」

「あらら、『父親不在の家』ですか」

「さすがにちょっと悲しくなりましたね。
それから、④の『自分たちがおじいちゃん、おばあちゃんになった時、どんな夫婦・家族だと言われたい？』ですが、こちらは、私としてはしっかりと娘を一人前に育て上げて社会に送り出す、引退した後は妻とふたり、いつまでも無理せず自然体のまま仲よく過ごしたい、なんて伝えたんです。
妻から出てきたのは、お互いがいつまでも仲よく、でも、それぞれが趣味や打ち込むことを持って、自立しつつ充実した人生を過ごしたいというものでした」

「そうなんですね」

「そして、⑤の『結論として、理想の家族像は？　どんな夫婦・家族になりたい？』について、私は、自然体の家族、言ったことはやり切る家族と伝えたんですが、妻と話していて色々と異なる要素が出てきて、一番話が盛り上がりました。
候補として出たのは、『自然体の家族』『決めたことはしっかりやりきる家族』『規則正しい生活をする家族』『困っている人を助ける家族』『いつも笑顔の家族』『仲がいい家族』『アクティブな家族』『何事も充実した家族』などが出てきました」

「たくさん出してくださったんですね」

「話が盛り上がりましたからね。
妻と話したことは以上になります。妻の考えを知れてよかったです。あんなに色々と話してくれると思いませんでした」

「共有していただき、ありがとうございます。すごく充実した対話の時間でしたね。ここまで話し合えたのは本当に素晴らしいです。あなたの素直さと努力のおかげで、かなりよい変化が起きていることがわかります」

「そうですか。なんか少し照れますね」

「ご報告の中で2つ質問があったと思いますので、お答えしますね。
まず『自分達の家族理念に最終的に落とし込むのは難しいのでは？』というお話がありましたが、本日まさに、その落とし込みを実施していきますので安心してください。
そして、その落とし込みは、あなたの2つめの質問である『この理念をつくってどうするのか？』という質問の回答にもなるのですが、『**愛言葉**』という、**企業でいうところの行動指針＝理念を実現するための望ましい行動**をつくっていきます。
その愛言葉をつくるために、今日はさらに深く家族理念について考えていきたいと思っています」

「たしかに多くの会社には企業理念とか行動指針のようなものがありますよね。その家庭版が『家族理念』と『愛言葉』ということですか」

「そういうことです。
ところで、愛言葉をつくる前に、『私たち夫婦・家族といえば○○、なにが入る?』の奥様の回答で『父親不在の家』というのはかなり厳しい回答ですね。でも、そのような回答を率直に言えるようになったのは、かなり安全空間ができているようにも思えます。ポジティブに捉えて進めていきましょうか」

「安全空間ができていると言っていただけたのはうれしいですね。仕事に遊びにと、まあ自由にやってきていましたからね。父親不在と言われても仕方ありません。むしろそんなふうに厳しく言ってくれると思わなかったのでありがたかったです。妻の想いもわかってきたので、言動を改めていくつもりです」

「はい、この調子で努力を継続し、人生をより充実したものに変えていきましょう。
それでは、後半のパートに入りましょう。改めてですが、今日は候補として出してもらった理想の家族像・家族理念を絞り、さらに理念を実現するための望ましい行動、つまり『愛言葉』を定義することを行っていきたいと思います。
先ほども言いましたが、**理念を実現するための望ましい行動は、企業でいうところの『行**

動指針』であり、昔ながらの言い方だと『家訓』と言えると思います」

「家訓ですか。詳しくはないんですが、なんだか昔の名家にありそうですね」

「そうですね、家訓というと昔の名家だけがつくっていたものというイメージがあるかもしれませんが、全然そんなことはありません。いつの時代も、そしてどこのご家庭でも、両親や大切な人から伝えられた想いやメッセージ、脈々と受け継がれてきた考え方があるものです。今日はこれを明確化させるやり方をお伝えします。

そして、また奥様と話し合ってもらい、この想いやメッセージ、考え方も含めて家族理念と愛言葉を完成させていただければと思います」

「興味深いですね。昨日の妻との話し合いが充実していたせいか、昨日より前向きに考えられそうです」

期待に応えようとすることでよい成果に繋がる「ピグマリオン効果」

「では、今日のお話を進めていきますね。

質問ですが、なぜ、人は家訓をつくって伝承してきたんだと思いますか?」

「自分が失敗したことを書き残して、子どもや孫に同じ失敗をさせないためじゃないです

か？　あと、成功したことは今後も継続して成功してほしいですし。あとは自分たちが生きた証《あかし》を次世代に残したい、繋げたいということもあるんですかね」

「とても冴えていますね。そのとおりでしょうね。その結果、『**ピグマリオン効果**』も起きていますね」

「ピグマリオン効果？　なんですか、それは？」

「おっ、いい反応ですね。ピグマリオン効果とは、アメリカの教育心理学者ロバート・ローゼンタールが発見した効果なのですが、簡単にいうと、**人は期待されたとおりの成果を出す傾向がある**というものです」

「期待されたとおりの成果を出す傾向ですか」

「はい。児童教育で有効だと考えられています。ローゼンタールの実験で行ったことをものすごく簡単に説明しますと、同じような学力の子どもに対し、一方にはもっとできると期待をかける、もう一方には期待をかけないようにして、その後、テストを受けてもらうというものです。その結果、テストの成績はどうなったと思いますか？」

「元々同じような学力なのだからテスト結果はそんなに変わらないはず……と思いつつ、それでは『ピグマリオン効果』なんていう言葉が生まれていないですよね。

ということは、期待をかけられた子どものほうが、テスト結果が上がったんですか？」

「そのとおり、期待をかけられた子どものテスト結果が上昇したんです。これは、子どもが教師からの**期待を受け取り、その期待に応えようと努力した**からだと考えられています。

こうした現象は、ビジネスの分野でも同じだと言われています。ビジネス版は元ハーバード・ビジネススクール教授のJ・スターリング・リビングストンが『**ピグマリオン・マネジメント**』として発表しています。**部下に期待をかけると、部下の業績が上がり、昇進も決まる**というものです。

つまり、子どもだけではなく、大人にも効果があるということなんです」

「興味深い研究ですね。たしかに人が期待された行動を取るように努力するというのは、私の部下や子どもにも当てはまりますし、私自身にも当てはまりますね。期待をかけられると、やる気が何倍も出てくるような気がします」

「そうですよね、期待されるとやる気が出るというのは、誰しもが一度は体感したことがあるのではないかと思います。学生の時は勉強や部活など、大人になってからは仕事などで、『君ならできる』とか『期待している』『応援している』なんて言われると、いつも以上に頑張ってしまうものですよね。

ピグマリオン効果はすごく有名で、知っておくと役に立つことが多いので、仕事でもプライベートでも意識しておくといいですよ」

「なるほど、たしかに意識しておくとよさそうですね」

「私はこのピグマリオン効果は家訓にも当てはまると考えています。家訓というものは、先人や両親からの戒めという側面もありますが、それだけではなく、期待とも捉えることができると思います。子孫が先人からの期待でもある家訓を受け取り、その行動をつい取ってしまうということですね」

「深い話ですね。家訓は先祖からの戒めでもあり、期待でもある……か。なんだか納得感があります。ただ具体的に家訓のイメージが全然わかないんですが、家訓には実際にどういう内容のものがあるんですか？」

「率直なご質問をありがとうございます。また、家訓の重要性を認識していただいているようで、うれしいです。具体的な家訓の事例をお話しする前に、質問させてください。家訓・昔の人の教訓、と聞いて、なにか思い浮かぶ具体的な言葉はありますか？」

「家訓と聞いてですか？　うーん、なんにも思い浮かびませんけど」

「いや、もう少し頑張って考えてみてくださいよ。昔の人が色々なメッセージを残してくれているんですから」

「えーと、なにかあるかな……。

あっ！　そういえば、うちの会社はかなり古い会社なせいか、経営理念以外に創業者の家訓みたいなのが残っていました。『社訓』というのですかね」

「いいですね。伝統ある企業では家訓が時代と共に社訓に昇華され、行動指針や経営理念の一部になっていることも多いです。昔ながらの伝統企業に多い家訓としては、**自分たちだけの利益を考えず、社会の役に立つことをしなさい**という『**利他の心**』を伝えているものが多いですね。昔からずっと残っている企業は社会のことを考えて、それこそ先義の気持ちも持って事業を行ってきたので周囲からの支持を受け発展してきたという側面もあるのでしょう」

「なるほど。たしかにそうかもしれません」

「私はその他に、武将の家訓も興味を持って調べています。武将の家訓も面白いですよ。『武芸に励みなさい』とか、戦いに関することも多いのですが、上に立つものとしての心得が一番多いですかね。

例えば『部下には平等に接しなさい』なんていうのもあれば、『妻子身内にいたるまで万人に対して常に笑顔で謙虚に接して怒った様子を見せてはならない』とか、『他の家臣のやる気がなくなってしまうので、胡麻をするものを出世させてはならない』といった、まさに現代でも大切なことが伝えられていたりするんです」

「へえー、面白いですね」

「その他、人として大切なことを説いている家訓として、『嘘をついてはいけない』とか『兄弟仲よくしなさい』『酒の飲みすぎは御法度』なんていうのもありますけれど、極め付きが伊達政宗の家訓で『朝夕の食事、うまからずとも褒めて食うべし』っていうのがあるんですよね」

「たしかそんな話が、先週、傾聴のパートで出てきたような……」

「そうなんです。実はこれ、家訓だったのです。すごい話だと思いませんか。お殿様の家訓に入っているのに、我々が現代で実践しないなんてあり得ない話だと思います」

「ちょっと返答に困りますが、そう言われてみるとそうかもしれませんね。家訓って案外面白いですね」

「そうでしょう。今も昔も変わらないという気づきをもらいますし、先人の知恵はぜひ活かすべきとも思いますね。

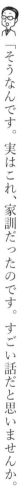

武将の家訓も色々ありますが、商人の家訓も面白いですよ」

「例えば、どんなものがあるんですか？」

「『後継は必ず全国を旅して歩かせなさい』という当時としては大変だろうというものもあれば、『親族でもお金を貸してはダメだ』という、もしかしてつくった人が痛い目に遭ったのかなと推測できるようなものもあります。あとは『規則正しい生活をしなさい』とか『争いや口論の場からはそっと立ち去りなさい』なんていうのもあります」

「『争いや口論の場からはそっと立ち去りなさい』という家訓も面白いですね。私はむしろ見に行ってしまうクチですけど」

「実業家の渋沢栄一氏は友達の選び方まで家訓にしています。自分にへつらうような者は友達にするなというものです。これは裏返すと、自身が成長するためには切《せっ》磋《さ》琢《たく》磨《ま》する友人を選ぶのが大切ということでしょうね」

家訓を決めるだけでなく、率先して実践するための「愛言葉」

「さて、家訓を決めたとして、どうすれば家族が実践すると思いますか？　ピグマリオン効果はあるとして、さらに実践してもらうために必要なことはなんでしょうか？」

「決めりゃいいってわけではないということですね。うーん、作成者が率先して行うことでしょうか？」

「まさにそのとおり！　率先垂範することが求められます。お子さんがいらっしゃるご家庭では特に率先垂範が求められますね。子どもは親の真似をして育つと言いますし。ということで、その率先垂範を徹底できる家訓にするというのも大切な要素になります。**率先垂範できる、パートナーと協力して決めた家訓**、これを私たちは『**愛言葉**』といっています。愛情の『愛』を用いた愛言葉ですよ」

「愛情の『愛』のほうの『愛言葉』ですか」

「愛言葉を具体的に考える方法ですが、次の3つの質問を検討してつくっていきます。

①ご両親や祖父母、親族等との会話を思い出し、ご両親や祖父母、親族等が大切にしていた言葉、自分に投げかけてくれた言葉、なにか印象に残っている言葉を思い出す

②尊敬している人との会話等を思い出し、自分が人生を通して影響を受けた言葉、印象に残っている言葉を思い出す

③①と②以外で自分が特に意識している言葉、好きな言葉を思い出す

このような、心に残っている言葉を思い出して考えていきます。もちろん、ご夫婦で協力して作成するんですよ」

「今お聞きしただけで、色々な言葉が思い浮かんできそうです」

「いいですね。また、愛言葉を考えたら、家族理念を再度検討することも行ってほしいです。そして、家族理念が定まったら、その理想の家族像に到達するために行動すべきことをまた戻って考えてみてください。それも愛言葉の1つになる可能性が高いです」

「なるほど。愛言葉と家族理念を何度も行ったり来たりして完成させていくっていうイメージでしょうか」

「そのとおりです。まずは先ほどの、好きな言葉、印象に残っている言葉についての3つの質問に、ここで回答してみましょうか」

「日頃意識してないので、きちんと答えられるか自信がありませんが……。
まずは『①両親や祖父母、親族等との会話を思い出し、両親や祖父母、親族等が大切にしていた言葉、自分に投げかけてくれた言葉、なにか印象に残っている言葉を思い出す』というところからですね……。
あっ、意識して思い返すと色々と浮かんで来ましたよ。『鶏頭となるも牛後となるなかれ』『人としてちゃんとしろ』『約束を守れ』『一度始めたことは最後までやり抜け』『チャレンジが大切』なんてことを、祖父母から言われていました」

「結構、色々なことを言われて育ってきたんですね」

「そうなんです。次は、『②尊敬している人との会話等を思い出し、自分が人生を通して影響を受けた言葉、印象に残っている言葉を思い出す』ですね。
こちらも尊敬している人のことを思い浮かべていたら、印象に残っている言葉も思い出せました。高校の先輩の言葉で『一度信じた人は徹底的に信じる』というものがありましたし、高校の先生から『誰にも負けない情熱を持て』なんて言われたことがあったなあ。あとは、塾の先生から『恩を仇《あだ》で返すな』って言われましたね。懐かしいなあ」

「どんどん出てきますね」

「その次は③の『①と②以外で自分が特に意識している言葉、好きな言葉を思い出す』でしたね。こちらは、ふと、「強い者が勝つのではない。勝った者が強いのだ」というサッカーで著名なベッケンバウアー氏と、『鳴かぬなら鳴かせてみせようホトトギス』という豊臣秀吉の言葉が出てきました」

「いいですね。内容もいいのですが、数がたくさん出ているのがまたいいです。それだけいい出会いがあったということですね」

「周囲の人に恵まれていたんでしょうね。ありがたいことです」

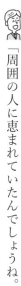

「愛言葉を作成する際には、奥様にも同じ質問をして、大切にしている言葉を明確にしてください。

その上で、今明確になったあなたの大切にしていることを共有し、ふたりでしっくりくる言葉を、仮でよいので3つから5つほど、多くても7つくらいまで選択してください。この数は多くてもいいのですが、あなたや奥様が覚えられる範囲にしておいたほうがお子さんへ伝える時などにもいいと思いますよ」

「妻の大切にしている言葉を聞いて、お互いのものを共有し、ふたりで選ぶんですね。わかりました」

「**愛言葉が定まったら、家族理念をどうするかも再度検討**してもらえればと思います。家族理念は愛言葉となにかしら関連するものにすると、ストーリーができていいですね。ひとまず形になったら、家族理念と愛言葉が関連しているかという観点でぜひチェックしてみてください。

この2つがまったく関係ないものになってしまった場合は、ふさわしい愛言葉、家族理念が他にもあるのでは？　と考えて、何度か行ったり来たりしてもらえればと思います」

「なるほど、愛言葉はなるべく覚えられる範囲でということでしたよね。了解しました。ということは、今日の課題も妻との対話ですね？」

「読みが鋭いですね。そのとおりです。本日の課題は3つありますが、どれも奥様との対話が中心となります。
1つめは、奥様から愛言葉のヒアリングを実施すること。2つめは、仮でいいので、ふたりで愛言葉を確定させること。3つめが、こちらも仮で家族理念を確定させること。以上の3つを奥様と対話してきてもらえればと思います。なにか質問はありますか？」

「いえ、特にありません。妻がなんて回答するのかちょっと楽しみになってきました」

「すごい変化ですね。うれしいです。それでは本日もありがとうございました。明日のコンサルティングもよろしくお願いします」

「はい、ありがとうございました」

本日の振り返り

■家訓は先祖からの戒めであり期待であると認識する。

■家訓にはピグマリオン効果が働く。ピグマリオン効果とは、人は期待されたとおりの成果を出す傾向があるという効果であり、期待を伝えることは子どもにも大人にも有効である。

■伝統企業では家訓が行動指針として残っていたり、時代と共に昇華して経営理念の一部になっていることが多い。昔ながらの伝統企業に多い家訓としては、自分たちだけの利益を考えず社会の役に立つことをしなさい、という利他の心を伝えるものが多い。

■家訓を決めた後は、作成者が率先垂範し、家族にも実践してもらえるように促す。

■愛言葉を考える場合、以下3点の問いを検討し、パートナーと話し合う。

①ご両親や祖父母、親族等との会話を思い出し、ご両親や祖父母、親族等が大切にしていた言葉、自分に投げかけてくれた言葉、なにか印象に残っている言葉を思い出す

②尊敬している人との会話等を思い出し、自分が人生を通して影響を受けた言葉、印象に残っている言葉を思い出す

③前記以外で自分が特に意識している言葉、好きな言葉を思い出す

■愛言葉を考えたら、そこから家族理念の検討に立ち戻り再度検討する。そして家族理念

が定まったら、その理想の家族像に到達するために行動すべきことをまた戻って考えてみる。愛言葉と家族理念は何度も行ったり来たりして完成させていく。

■愛言葉は浸透させることも考慮に入れて、３つから5つほど、多くても7つくらいまでで選択する。

Chapter 10

冒険者の役割

10日目の金曜日、
「選択的知覚」を学ぶ

「もっとこうしたらよくなりませんかね？」

そんな提案を部下から初めて受けたのは昨日のコンサルティングの後のことであった。このコンサルティングを受け始めて、確実に自身が変わっている実感はあった。ここ2週間は情緒が安定しているし、周囲に対してもサーバントリーダーを意識し、安全空間を提供しているつもりではあったが、その矢先の出来事であった。

発言を促したわけではないのに部下から提案がくる。

それは彼にとって初めての経験であった。

過去、部下には「主体性がない、もっと考えろ」と言いながら、「俺のやり方でやれ、言うことを聞け」と矛盾したことを言っていたと気づき、少し反省していたところだった。

そんな中、部下からの提案が来た。

コンサルティング最終日にして家庭だけでなく、ビジネスでの変化も感じ、このスタイルに手応えを感じ始めていた。

もちろんこれで営業数字が落ちたら意味はない。

しかし今のところ、数字はこの1週間むしろ上がっていた。部下たちは主体性を刺激され、自ら考え提案し、モチベーションが上がっているのかもしれない、そしてそれが営業数値にも少しずつだがよい影響を与え始めているのかもしれない、そんなことも考えていた。

今度家庭で考えたビジョンや愛言葉を少しアレンジして、チーム版をメンバーと共に考えてみようか、そんな思いまで持ち始めていたのである。

自身や周囲の変化を感じ、きっかけを掴めたという感覚を持ちながらも、このコンサルティングが終わることへの寂しさやもう少し実践を続けたい、という考えも芽生え始めていたのであった。

（妻との会話は昨晩もとても盛り上がったし、なんだか楽しくなってきた。この数日は、家に帰る時に、妻とどんなふうに話そうかと考え、なんだかワクワクしていた。ワクワクするといえば、このコンサルティングの時間も、この数日は毎回少し待ち遠しくなってきている。しかしそれも、半年後の振り返りを除けば今回が最後らしい。ちょっと残念な気持ちさえ出てきたぞ）

話し合いを通して、パートナーの大切にしていることを見つけ出そう

「こんばんは。本日もよろしくお願いします。2週間の集中コンサルティングは本日が最後になります。半年後に振り返りでお会いできるとはいえ、少し寂しいですね」

「2週間も毎日会っていたんですから、情も湧きますよね。こんなことを言うのは少し癪《しゃく》なんですが、実は最近、このコンサルティングが楽しみになってきていたんですよ」

「なんてうれしいことを言ってくれるんでしょうか。ありがとうございます。私もこの2週間、毎日とても楽しみに来ていました。あなたの成長を見るのは、とても刺激的でしたよ。さて、それではまずは本日の課題の共有をお願いできますか。このコンサルティングにおける最後の課題発表ですね。よろしくお願いします」

「はい。本日は『GOOD・BAD・NEXT』ではなく、妻からの愛言葉のヒアリング結果と、ふたりで考えた愛言葉、家族理念をお伝えしたいと思います。

まずは、妻へのヒアリング結果からいきます。

『①両親や祖父母、親族等との会話を思い出し、両親や祖父母、親族等が大切にしていた言葉、自分に投げかけてくれた言葉、なにか印象に残っている言葉を思い出す』ですが、私のほうは『鶏頭となるも牛後となるなかれ』『人としてちゃんとしろ』『約束を守れ』『一度始めたことは最後までやり抜け』『チャレンジが大切』ということを投げかけられていたのですが、妻は全然違いました。

妻は『自分の機嫌は自分で取れ＝自分で機嫌をコントロールしなさい』『家族やお客様のお見送りは見えなくなるまで行いなさい』『人のよいところを見る』『寝るのも仕事＝健康に気をつかうこと』ということを投げかけられていたそうです。初めて聞いたのですが、妻がそのようなことを言われて育ってきたと知って驚きました」

「なるほど」

「次に『②尊敬している人との会話等を思い出し、自分が人生を通して影響を受けた言葉、印象に残っている言葉を思い出す』ですが、私のほうは『一度信じた人は徹底的に信じる（高校の先輩の言葉）』『誰にも負けない情熱を持て（高校の先生の言葉）』『恩を仇で返すな

（塾の先生の言葉）』を挙げました。

妻のほうは『ひとりの成功はみんなの成功（部活の先生の言葉）』『努力は裏切らない（部活の先生の言葉）』『服装の乱れは心の乱れ（部活の先輩の言葉）』『弱っている時こそ声を出す（部活の先輩の言葉）』『やる時はやる、遊ぶ時は遊ぶ（塾の先生の言葉）』というような言葉が出てきました。妻は学生の時にバレーボールをやっていたのですが、思ったより体育会系の言葉が出てきましたね」

「たくさん挙げていただいたんですね」

「はい。それから『③①と②以外で自分が特に意識している言葉、好きな言葉を思い出す』については、私のほうは『強い者が勝つのではない。勝った者が強いのだ』『鳴かぬなら鳴かせてみせようホトトギス』という言葉が出てきましたが、妻は、特に出ませんでした」

「そうですか」

「これらの言葉を踏まえて、愛言葉の候補を出してみました。候補の選び方は、愛言葉にしたい特にお気に入りの言葉であったり、私の言葉と妻の言葉をくっつけられるものがあればくっつけたり、今、子育てをしていて課題に感じていることなんかも話し合いながら考えてみました。それが次の8つになります。
『率先して自ら家族のために行動しよう』『チャレンジを続けよう』『人のよいところを見よ

う』『親しき仲にも礼儀あり。家族もお客様もお見送りは見えなくなるまで』『恩を仇で返さない』『自分の機嫌は自分で取ろう』『ひとりの成功はみんなの成功』『メリハリをつけた生活をしよう』

これらを愛言葉の候補にしたのですが、いかがでしょうか」

「どれも素敵な言葉ですね。とてもいいと思います」

「ありがとうございます。結構出てくるものなのですね。とても面白かったです。8つの愛言葉候補が出てきましたが、一昨日考えた家族理念の候補と照らし合わせたり、また、自分たちが覚えられないと意味がないので、5つくらいに絞ろうという話になりました」

「たしかに8つ全部では多すぎますからね」

「それで、絞るために続けて話し合ったんです。まずは8つの愛言葉候補と一昨日の家族理念の候補を照らし合わせてみました。そして元々挙げていた家族理念を1つに絞り、まとめてみました。

元々挙げていた家族理念は『自然体の家族』『決めたことはしっかりやりきる家族』『規則正しい生活をする家族』『弱いものを助ける家族』『いつも笑顔の家族』『仲がいい家族』『アクティブな家族』『何事も充実した家族』でした。

これをまとめ確定した家族理念が、『いつも笑顔で自然体。助け合い家族』ということに決まりました。今できていないからこそという意図もありますね」

「素晴らしい家族理念ですね！」

「ありがとうございます。そう言っていただけてうれしいです。

報告を続けますと、家族理念が確定したので、改めて8つの愛言葉を5つに絞った結果、次のものを家族の愛言葉にしました。

『率先して自ら家族のために行動しよう』

『人のよいところを見よう』

『親しき仲にも礼儀あり。家族もお客様もお見送りは見えなくなるまで』

『自分の機嫌は自分で取ろう』

『ひとりの成功はみんなの成功』

妻と充実した話し合いができましたし、一旦の家族理念と愛言葉5つが決まりました」

「ちょっとびっくりするくらい、本当に素晴らしいですね。今日の段階では決まらなくてもしょうがないかなと思っていたので、まさかこんなにしっかりした理念と愛言葉をつくってこられるとは思いませんでしたよ。

まとめたのも素晴らしいですし、なにより個性があっていいですよね」

「いや、こちらこそ感謝しています。正直、課題がなければ妻とこんな話し合いをすること

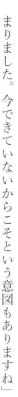

は一生なかったと思っています。話し合いを通して、知らなかった妻の大切にしていることが見えてきましたし、ふたりで大切にしていこうということが話せて本当に充実した時間となりました」

「そう言っていただけるとコンサルタント冥利に尽きますね。今後もなにか環境の変化があったら、都度話し合って肉付けしてみてください。特にお子さんが大きくなったら、お子さんも交えて話してみるといいですよ。

うちも昨年、家族理念の見直しをしたんですが、その時に高校生以上の子どもたちの話も聞いて修正したんです。子どもがなかなか話してくれなくてちょっと苦労しました。でも、簡単なキーワードは出たので、それを活かして家族理念を再考したんです。その話し合いを経て、今のわが家の家族理念は『弱さを補い合える家族』というものになっています」

「そうなんですか。すでに次の段階まで実践されているんですね。すごいです。お子さんは少し戸惑ってしまったんでしょうかね。それにしても、素敵な家族理念です」

「やはり対話をするというのはいつも大事なのですよね。

本日の課題と絡めて、お伝えしておきたいことが2つあります。1つは『**癖**』について、もう1つは『**愛言葉づくりの補足**』です」

「癖ですか？」

「はい。私は民俗学も少し勉強しているのですが、宮本常一氏という研究者は、人が癖を持っているのと同じように、地域社会も職能集団もそれぞれの癖を持っている、というようなことを言っていました」

「へえ、ライフワークで民俗学を勉強してるんですね」

「そうなんです。そして、ここからが私はすごく惹かれたんですが、癖はそれぞれにあるという大前提のもとで見ると、そこで優劣差別をつけるようなことはまったくない、という話です」

「癖に優劣差別をつけないということですか」

「はい、そのとおりです。

地域社会、家によって癖があり優劣差別はつけられないし、つけるべきではないということです。ですので、**他の家をうらやんだりとか、他の家と自分の家を比較したりするのはナンセンス**だと、改めて認識をしてもらえればと思います。

この癖を活かして愛言葉をつくるというのが実は今回実施したことでした。今後、愛言葉を中心に、お互いのご両親や祖父母等に関して、より深く話し合ってみてください」

「なるほど、民俗学については詳しくありませんが、たしかに人や家によって癖はありそう

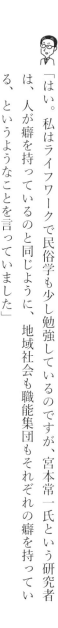

ですよね。それに優劣をつけないということですね」

「そうなんです。それからもう1つお伝えしたいことは、『愛言葉づくりの補足』でしたね。今回はお伝えしませんでしたが、愛言葉をつくる際には、**お互いに直してほしいことも話し合ってみる**という手法もあります。関係性によっては少し危ない時もあるのですが、こちらも愛言葉を考える際には有効です。以後なにかあればお話ししてみてください」

「わかります。たしかに危険性もありますね。妻との関係性がもっとよくなったら、わが家でも直してほしいことについて話し合ってみたいと思います」

「はい、お願いします。でも、おそらく、改善してほしいことは既にかなり解消されていると思いますよ」

「そうだといいんですけれどね」

「選択的知覚」から解き放ち、家族の世界を広げるのも冒険者の役割の1つ

「それでは最後の役割、冒険者に関しても少しお話しして最後のコンサルティングの時間としましょうか。冒険者に関しては3つの役割の冒頭のところで少しお話ししましたが覚えていますか？」

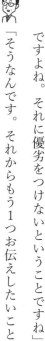

「もちろんです。冒険者は『家族の視野を広げ世界を繋げる』というものでしたね。また、奉仕者、経営者とのバランスも大事だと言っていました。状況によりますが、奉仕者50％、経営者40％、冒険者10％くらいの割合を意識して日々過ごすといいとおっしゃっていたかと思います」

「完璧です。ところで、この話をした時に、あなたご自身は家庭において90％以上が冒険者的要素かもしれないとおっしゃっていましたね。そのことも覚えていますか？」

「痛いところをついてきますね。もちろん覚えてますよ」

「ここまで学ばれてきて、バランスに関しては多少納得感があるのではないですか？」

「はい、それはもう……。家にもいないし、好き勝手ばかりやっていて、対話もしなければ不仲にもなりますよね」

「凄まじい成長です。ありがとうございます。ただ、自分のやりたいことをなにもしないと、それはそれで情緒安定にも悪い影響が出ます。ですから、時には冒険者的な要素、つまり自分の趣味ややりたいことに打ち込むというのも出してよいと思います」

「そう言っていただけるのはありがたいです」

「ところで重要なことが1つあります。お子さんがいる場合は特に気をつけてほしいのですが、**家族の中で子どもやパートナーの世界を広げてあげることができるのもこの冒険者の役割と認識すること**です。子どもは親の背中を見て育つなんて言いますが、親がなにか仕事以外にもチャレンジしている姿を見て、子どもも勉強以外の冒険心が出てくるという側面もあります。そこを意識してコントロールしながら新しい世界、広い世界を見せてあげてほしいと思っています。

人間というのは**『選択的知覚』**といって、**自分が見たいものしか見ない、興味があるものしか調べない**という傾向があります。これは非常にもったいないと思いませんか。実は自分にぴったりの趣味や仕事があるかもしれないのに、そもそも興味がないとスルーしているということです。これを極力なくすのに有効なのが冒険者としての役割です」

「なるほど、周囲の人が日頃だったらスルーしてしまうようなことを冒険者として伝えたり、一緒に体験することを通して新しい世界を見せるということですかね。たしかに優秀な人は自分と違うタイプの人を周りに置くとか言いますよね」

「そのとおりです。私が実践しているのは子どもや妻を歴史的な場所に連れて行って経緯を説明したり、様々なイベントに連れて行ったり、趣味の自転車で一緒に旅に出たりということですね」

「面白いですね。たしかに土台である情緒安定が崩れては元も子もありませんから、そこはバランスということですね。
でも、子どもやパートナーの世界を広げられるのはたしかにこの冒険者的な要素ですよね。
まあ妻とよく話しながら、ＲＥＰＴ法も活用しつつ、冒険者的役割は演じたいと思います」

「そうですね。ぜひお願いします。
それではこれにて2週間のカリキュラムはすべて終了です。本当にお疲れさまでした。今後の家庭でのさらなる成長や幸せ、またそれを発展させ、職場での適切な組織運営も期待しています。家族理念や愛言葉のブラッシュアップや実践もぜひお願いしますね」

「はい。この2週間のファミリーリーダー教育で、人として大きくなれた気もしますし、コミュニケーションの取り方が根本から変わった気がします。ここで学んだことを活かして、家庭でも職場でも頑張ってみます。
こちらこそ本当にありがとうございました。半年後の振り返りでお話しできるのを楽しみにしています」

本日の振り返り

■家族理念や愛言葉は、子どもが大きくなってきたら子どもも交えて対話をすると新たな気づきがあり有効。

■家によってそれぞれ癖があるので、他の家をうらやんだり、他の家と自分の家で優劣をつけるのはナンセンス。

■愛言葉をつくる際には、お互いに直してほしいことも話し合ってみる、という手法もある。

■冒険者の要素がパートナーや子どもの知的好奇心を刺激し、新しい世界の扉を開き、成長へと導くことに繋がる。時には冒険者としてなにかに打ち込んでいる姿勢を見せたり伝えたりすることはとても重要。

Chapter 10.5

おまけの振り返り

半年後の晴天の日、
学びの定着を図る

トレーニングが終わり、半年が経った。

今日はトレーニングから半年後の振り返りの日である。

ヒューマンコンサルタントは珍しくそわそわして落ち着かず、早めに到着した会議室にて半年前に記録していた変化点のメモを眺めていた。


爽やかな晴天に恵まれたが、彼もこの雲ひとつない青空のような気持ちで日々過ごせていたのだろうか、半年前にコンサルティングをしたことが継続して実践されているのだろうか、変化は継続しているのだろうか、そんな心配が脳裏に浮かぶ。


人はそんなに簡単には変わらない生き物である。

人が変わるには、学習棄却という、過去学んできたことやその結果の成功体験を捨て去り、既に形成されている考え方を変えていく必要がある。

このコンサルティングにより、2週間の間で様々な知識をインプットし、そして行動した。さらにコンサルタントによるフィードバックを行い、自己反省を促した。結果として、価値観や考え方、行動パターンを変え、日常に適応させていくという一連の行為を連続的に行ってきた。

人は弱い生き物でもある。

コンサルタントという伴走者がいなくなり、継続的な学習が途絶えると、途端に元の考え方ややり方に戻る人も多い。

結局、人が変わるかどうかは本人の考え方次第という一面もある。

過去の成功体験や様々な考え方を改め、行動を変えてきた2週間。

いよいよ振り返り会にて、その2週間が価値あるものとなったのか、半年の変化・成長を確認する時が来た。

「お久しぶりです。お元気でしたか」

「お久しぶりです。私は元気ですよ。あなたもとても元気そうだ。そして顔の表情がより明るくなった気がします」

「明るくなったように見えますか？　そうだとしたら、あなたとのトレーニングの後、家庭も会社の組織も円満になったおかげかと思います。トレーニングを受ける前とは自分の考え方が１８０度変わった気がします。だから本当に感謝しているんですよ」

「いえいえ、あなたご自身が意識して頑張ったからだと思いますよ。とても素晴らしいです。それではさっそくトレーニング半年後の振り返り会を行いましょう。具体的にどんな変化があったのか、教えてもらえますか」

「そうですね、妻とは尊敬し合えるパートナーになれた気がします。**家庭円満、組織円満の秘訣はお互いが尊敬し合っていること**だと感じています。子どもとの関係もよくなってきたと言いますか、子どもの私への態度も最近特によくて、子育てもうまくいき始めました」

「**最高の子育ては夫婦が仲よくしていること、お互いを称えること**だと思います。絶対に子どもの前で相手の悪口を言わない、パートナーがいない時こそ、相手の仕事のことであったり家事であったり、大切にしていること、時間の大半を占めていることを褒めるのが重

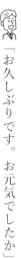

要ですね。

たぶん、奥様と信頼関係が強固になり、あなたがいないところで奥様はお子さんにあなたのことについてポジティブな話をしているのでしょう。それで、お子さんの態度に変化が出てきたのかもしれません」

「なるほど、そうだとうれしいですね。子どもの最近の変化の理由が少し理解できました。
実は、家庭だけでなく、会社でもいい傾向にあるんですよ。取締役会に新商品やマーケティングの提案をしているところなのですが、これもメンバーから様々な意見が出たことにより実現しました。ここまでうまくいっているのは安全空間をつくるサーバントリーダーになれたからだと感じています。
そのせいか、なんと幹部へのステップアップを打診されました。これもあなたのおかげですよ」

「本当ですか!?　それはおめでとうございます！　とてもすごいことですね。私もうれしいです。まさにファミリーリーダーからトップリーダーへステップアップするのですね。
すべてあなたの努力の賜物ですよ。
この調子でおごることなく、3つの土台と3つの役割を意識し続けて、仕事もプライベートも充実させてくださいね。あなたやあなたの家族の人生の充実と成功を心から祈っています」

「はい、本当にありがとうございます」

「1つ、質問していいでしょうか。私にとってはとてもうれしいことなのですが、なぜこんなにも変化が起こったのでしょうか。なにか特別に意識したことなどはあるのですか？」

「特別に意識したことですか？　うーん、そうですね。

コンサルティングを終えた時に、あなたから学ばせてもらった2週間は本当に宝物だったと強く思ったんです。コンサルティングを受けている期間中、学び、実践し、課題をこなしていたら、妻や子どもだけでなく、仕事を一緒にしているチームのメンバーや部下たちの自分に対する態度がどんどん変わってきて、「あれ？　これは自分が変わったからなんだろうな」と気がついたんです。

それで、あの時と同じサイクルで振り返りをしていこうと決めて、実践してきました。毎日1つずつ、朝起きた時に10分くらいですけどね。まさに同じように『GOOD・BAD・NEXT』もやったんですよ。やっているうちに、自分自身がどんどん成長しているのがわかって、楽しくなってきたくらいでした。

だから、ひと言で言うと、ちゃんとコンサルティングで学んだことを忘れずに、振り返りをしつつ実践を継続したのがよかったということでしょうか。あと、妻や部下に私が習ったことを教えたりもしました」

「なるほど、愚直に振り返り、実践したということですね。また周囲の人に重要なことを教えてあげたのですね。教えることが一番学びの定着に繋がると以前お伝えしましたが、そこまで実践してくれていたのは感動します。その実直さ、本当に頭が下がります。頻度は毎日でなくてもいいかもしれませんが、ぜひこれからも振り返りと実践を続けてください。それがあなたの人生の成功・充実に必ず繋がると信じています」

「そうですね。この調子で楽しく充実した人生を過ごしたいと思います。そして修身斉家治国平天下の教えどおり、自分を修め、家庭を円満にし、会社でも健やかに過ごして社会に対してよい行動ができればと思っています。引き続き頑張りますよ！」

「これからはさらに充実した人生になりますね！」

おわりに

最後までお読みいただき、ありがとうございました。

本書はリアルにコンサルティングを受けているような、会話形式を採用しました。実際に自分事として読まれた方は、程よい疲労感と共に自分の価値観が変わってきていると実感できたのではないでしょうか。

正直、ここに書いたことを完璧に実践できている人はなかなかいないと思います。私自身、様々な反省の上に本書を書き上げ、日々試行錯誤しながら実践しているひとりです。ぜひ皆さんも3つの土台と3つの役割の中で自分が苦手としている部分をまずは補強してみてください。

今回の主人公のように、振り返りを常に行いながら実践を続ければ、必ずあなたと周囲に変化が起こります。その変化を楽しんで、さらに成長していただければと思います。

今の時代、すべての人がファミリーリーダーを目指して家庭を整える必要があると考えています。それが日本社会をより豊かにすることに繋がると確信していますし、ひいては日本経済の発展にも繋がると信じています。

まさに「修身斉家治国平天下」という言葉を嚙み締めながら日々の生活を過ごしていく必要があると感じています。

皆様にもよい変化が起き、より充実した人生が送れることを祈っています。

最後に、本書の出版にあたりご尽力いただいた関係者の皆様、今まで私の成長に携わってくださったすべての方に感謝申し上げたいと思います。

そしてなにより、いつも応援してくれる家族や妻に心から感謝して本書を終えたいと思います。

片山牧彦

■参考文献・ウェブサイト

『一瞬で自分を変える法』（アンソニー・ロビンズ著、本田健訳・解説、三笠書房）
『幸福優位7つの法則―仕事も人生も充実させるハーバード式最新成功理論』（ショーン・エイカー著、高橋由紀子訳、徳間書店）
『ニコイチ幸福学―研究者夫妻がきわめた最善のパートナーシップ学』（前野マドカ・前野隆司著、CCCメディアハウス）
『実践 ポジティブ心理学―幸せのサイエンス』（前野隆司著、PHP研究所）
『世界のエリートがやっている 最高の休息法―「脳科学×瞑想」で集中力が高まる』（久賀谷亮著、ダイヤモンド社）
『人生を変えた贈り物―あなたを「決断の人」にする11のレッスン』（アンソニー・ロビンズ著、河本隆行監訳、成甲書房）
『ハーバードの人生を変える授業』（タル・ベン・シャハー著、成瀬まゆみ訳、大和書房）
『「1日30秒」でできる新しい自分の作り方』（田中ウルヴェ京著、フォレスト出版）
『7つの習慣』（スティーブン・R・コヴィー著、フランクリン・コヴィー・ジャパン訳、キングベアー出版）
『ハーバード×慶應流 交渉学入門』（田村次朗著、中央公論新社）
『恐れのない組織』（エイミー・C・エドモンドソン著、野津智子訳、村瀬俊朗解説、英治出版）
『心理的安全性のつくりかた』（石井遼介著、日本能率協会マネジメントセンター）
『行動分析学マネジメント―人と組織を変える方法論』（舞田竜宣・杉山尚子著、日本経済新聞出版）

『THE CULTURE CODE　最強チームをつくる方法』（ダニエル・コイル著、楠木建監訳、桜田直美訳、かんき出版）
『だから僕たちは、組織を変えていける―やる気に満ちた「やさしいチーム」のつくりかた』（斉藤徹著、クロスメディア・パブリッシング）
『一人になりたい男、話を聞いてほしい女』（ジョン・グレイ著、児島修訳、ダイヤモンド社）
『ベスト・パートナーになるために―男は火星から、女は金星からやってきた』（ジョン・グレイ著、大島渚訳、三笠書房）
『WHYから始めよ！―インスパイア型リーダーはここが違う』（サイモン・シネック著、栗木さつき訳、日本経済新聞出版）
『家訓で読む戦国』（小和田哲男著、NHK出版）
『最強の家訓―仕事と人生に効く言葉』（齋藤孝著、祥伝社）
『世界一簡単な「幸せを招く家訓」のつくり方』（幡谷哲太郎著、セルバ出版）
『名家の家訓―人生を開く「処世の言葉」』（山口秀範著、三笠書房）
『図解でよくわかる子どもの本当の力を引き出すモンテッソーリ教育』（藤崎達宏著、三笠書房）
『忘れられた日本人』（宮本常一著、岩波書店）
NPO法人　日本サーバント・リーダーシップ協会　ホームページ
Google社　ホームページ

著者　片山 牧彦

オールリーダーコンサルティング株式会社　代表取締役社長。

新卒で住友グループの建設会社に入社し、現場や本社の人事、経営企画部門等を経験。本社人事部時代は企業内大学の立ち上げや様々な組織活性化業務を主導。その後デロイト トーマツ グループの人材・組織開発コンサルティング会社に活躍の場を移し、100社以上の人・組織のコンサルティングに携わる。また、社内においても事業部長として事業部の改革や組織統合を主導。

2023年に独立し、オールリーダーコンサルティング株式会社を設立。全員主役、全員リーダーの組織・社会を実現するため、社員のウェルビーイングを高める「ファミリーリーダー育成」、やる気を引き出す「オールリーダーストラクチャー構築」、経営幹部としてふさわしいスキル・マインドを醸成する「トップリーダー育成」を軸に様々なアプローチで、人や会社の本質的な課題解決のサポートを行っている。

早稲田大学大学院商学研究科卒業（MBA）。

●オールリーダーコンサルティング株式会社
https://www.al-consulting.co.jp/

なぜ出世《しゅっせ》する人《ひと》は家庭《かてい》も円満《えんまん》なのか？

2025年１月27日　初版　第１刷発行

著　者　片山《かたやま》　牧彦《まきひこ》
発行者　石 井　悟
印刷所　八光印刷株式会社
製本所　新風製本株式会社

発行所　株式会社自由国民社
〒171-0033　東京都豊島区高田3-10-11
電話　営業部 03-6233-0781　編集部 03-6233-0786
URL　https://www.jiyu.co.jp/